스테이블코인

커뮤니케이션이해총서

급변하는 커뮤니케이션 환경에서 새로운 지식에 대한 욕구가 높아지고 있습니다. 이러한 흐름에 발맞추어 하나의 커뮤니케이션 주제를 10개 항목으로 묶어서 달걀 꾸러미처럼 엮었습니다. 사회의 변화를 빠르게 알기 원하는 대중과 시대에 앞선 지식을 단시간에 알고자 하는 연구자, 실무자, 학생에게 도움이 되는 책입니다.

일러두기

- 인명, 작품명, 저서명, 개념어 등은 한글과 함께 괄호 안에 해당 국가의 원어를 병기했습니다.
- 외래어 표기는 현행 어문규정의 외래어표기법을 따랐습니다.

스테이블코인

이건호

대한민국, 서울, 커뮤니케이션북스, 2025

스테이블코인

지은이 이건호
펴낸이 박영률

초판 1쇄 펴낸날 2025년 12월 19일

커뮤니케이션북스(주)
출판 등록 2007년 8월 17일 제313-2007-000166호
02880 서울시 성북구 성북로 5-11
전화(02) 7474 001, 팩스(02) 736 5047
commbooks@commbooks.com
www.commbooks.com

CommunicationBooks Inc.
5-11, Seongbuk-ro
Seongbuk-gu, Seoul, 02880, KOREA
phone 82 2 7474 001, fax 82 2 736 5047

ISBN 979-11-430-1593-8 04300

책값은 뒤표지에 표시되어 있습니다.

차례

스테이블코인, 미래 금융의 핵심 동력

새로운 시대의 개막

현대 사회는 빠른 속도로 디지털 금융 시대로 전환되고 있다. 인터넷과 모바일 기술 발전으로 이미 금융의 주무대가 물리적 공간이 아닌 가상 공간으로 이동했고, 분산 원장 기술(Distributed Ledger Technology, DLT)이 기존 금융 시스템의 대안을 자처하며 이러한 변화를 가속화하고 있다. 그러나 디지털 금융의 새로운 지평을 개척하고 있는 가상 자산(virtual asset)은 대부분 극심한 가격 변동성 때문에 일상적 거래 수단이나 안정적 가치 저장 수단으로 기능하는 것이 쉽지 않다. 단기간에 가치가 급변하는 자산은 보유하는 것만으로도 예측 불가능한 위험에 노출될 수 있기 때문이다(Mahrous et al., 2025).

스테이블코인(stablecoin)은 안정적으로 시장 가치를 유지하도록 설계된 새로운 형태의 디지털 자산이다. 전통 금융이 요구하는 안정성을 효율성, 투명성, 접근성이라는 디지털 자산의 장점과 결합한 지급 수단으로서 디지털 경제 내에 안전한 금융 활동을 수행할 수 있는 기반 구축에

필수적 요소가 된다. 금융 기관과 일반 대중 모두가 신뢰할 수 있도록 법정 화폐나 금과 같은 안전 자산에 가치를 연동시켜 토큰(token)의 시장 가격을 안정화시킨다. 가상자산의 기술적 장점을 모두 갖추고도 암호 화폐(cryptocurrency)와 달리 디지털 자산 생태계와 전통 금융 시스템의 간극을 메울 수 있다(Garratt & van Oordt, 2019).

새로운 디지털 화폐인 스테이블코인은 분산 원장 기술과 전통 금융 시스템의 원활한 통합을 촉진한다. 탈중앙화(decentralization)의 이점을 대중이 쉽게 접근 가능한 형태로 전환해서 금융의 방법론을 근본적으로 혁신하고 있다. 속도와 국경의 한계를 넘어서는 디지털 거래의 특성을 일반 대중이 온전히 활용할 수 있게 만들어 전 세계 금융 시스템의 변혁을 이끄는 중요한 구성 요소로 자리매김해 가고 있다. 기존의 금융 패러다임을 재정의함으로써 기존 결제 시스템과 새로운 금융 서비스 및 투자 수단을 연결하는 핵심 인터페이스 역할을 수행하면서 효율성 향상을 통해 새로운 경제 모델의 수립이 가능하게 만들었다(Brainard, 2021).

스테이블코인의 작동 메커니즘

스테이블코인은 분산 원장 기술을 이용해서 발행되며, 피투피(Peer-to-Peer, P2P) 방식의 거래를 지원해서 지급 결제를 처리하는 복잡한 과정의 많은 부분을 자동화된 방식으로 처리할 수 있다. 분산화된 네트워크의 노드들이 거래의 정당성을 검증한 후 그 기록을 저장하고 일단 기록된 정보를 변경할 수 없게 만든다. 이런 탈중앙화는 중개자의 개입 없이 거래의 불변성과 투명성을 제공해서 신뢰성을 높일 수 있다.

스테이블코인의 성공적 운영의 핵심 요소는 안정화(stabilization) 메커니즘의 운영 방식과 이를 지원하는 담보화(collateralization) 기법이다. 안정화 메커니즘은 토큰의 시장 가격이 특정 자산의 시장 가치와 안정적인 관계를 유지하게 만들어 준다. 상당수 스테이블코인이 준비자산(reserve)을 담보로 작동하는 안정화 메커니즘을 채택한다. 미리 정해진 조건이 충족되면 자동으로 실행되는 스마트 콘트랙트를 이용해서 중개자의 개입 없이 준비 자산 관리, 토큰 발행 및 소각, 청산 등을 처리하는 경우도 많다. 최근에는 토큰 보유자와 다양한 이해관계자가 프로토콜(protocol) 개선이나 위험 관리 및 미래 개발 계획 등에 직접 참여하는 개방적 거버넌스도 확산하고 있다(Hou

& Yao, 2023).

법정 화폐 담보(fiat-backed) 스테이블코인은 발행사가 법정 화폐를 은행 계좌에 예치하거나 단기 국채처럼 안전하고 유동성이 높은 자산, 즉 현금 등가물을 준비 자산으로 확보하고 이를 담보로 토큰을 발행한다. 테더(Tether, USDT)와 USD 코인(USDC)이 대표적 사례다. 토큰에 액면 금액을 명시하지는 않지만 준거 자산(reference asset)인 법정 화폐의 기본 단위를 목표 가치로 설정한 안정화 메커니즘을 채택한다. 이에 따라 누구나 자신이 보유한 토큰을 발행사에 돌려주면 목표 가치에 해당하는 금액의 법정 화폐를 상환받을 수 있다. 원칙적으로 발행사는 언제라도 토큰의 개수와 동일한 금액으로 준거 자산인 법정 화폐를 교환해 줄 수 있도록 충분한 수준의 준비 자산을 확보해야 한다. 하지만 실제로는 대부분 토큰 보유자가 시장, 즉 가상 자산 거래소를 통한 매매 방식으로 토큰을 현금화한다. 이 때문에 토큰의 시장 가격이 목표 가치와 일치하지 않는 경우가 많다.

단일 법정 화폐 대신 복수의 법정 화폐 포트폴리오나 금과 같은 자산을 준거 자산으로 사용해 해당 자산의 시장 가치에 토큰의 시장 가격을 연동한 스테이블코인도 발행된다. 자산 담보(asset-backed) 스테이블코인은 이를 법정 화폐 담보와 묶어 포괄적으로 표현하는 용어다.

암호 화폐 담보(crypto-backed) 스테이블코인은 이더리움 같은 암호 화폐를 담보로 사용한다. 토큰의 발행에서 유통 및 상환에 이르는 모든 과정뿐만 아니라 준비 자산의 관리까지도 모두 스마트 콘트랙트를 이용해 탈중앙화된 방식으로 관리한다. 대표적 사례가 메이커다오(MakerDAO)가 관리하는 다이(DAI)다. 초과 담보(over-collateralization) 방식의 안정화 메커니즘을 채택해서 준비 자산인 암호 화폐의 시장 가격 하락으로 인한 스테이블코인의 가격 하락 가능성에 대비하는 것이 일반적이다.

예를 들어 150달러에 해당하는 암호 화폐를 준비 자산으로 예치하면 액면 금액 100달러에 해당하는 토큰을 발행할 수 있다. 준비 자산인 암호 화폐의 시장 가치가 미리 정해 놓은 기준 아래로 하락하면 스마트 콘트랙트가 자동으로 준비 자산의 강제 청산을 실행한다. 다이의 경우 준비 자산을 경매에 부치고 그 대금을 토큰으로 받아 소각하는 방식으로 공급량을 축소해서 시장 가격의 하락을 방지한다(Samman, 2020).

알고리드믹(algorithmic) 스테이블코인은 법정 화폐나 암호 화폐 같은 준비 자산을 필요로 하지 않는다. 시장 상황에 따라 스마트 콘트랙트가 직접 토큰을 매매해서 토큰의 공급량을 조절하는 방식으로 시장 가격을 목표 가치에 근접한 수준으로 안정화시킨다. 토큰의 시장 가격이 목표 가치보다 낮아지면 토큰을 매입하고, 시장 가격이 목표 가치보다 높아지면 토큰을 매도하는 방식이다.

일반적인 기대와 달리 알고리드믹 스테이블코인은 페그(peg)의 붕괴, 즉 디페깅의 문제가 빈번하게 되풀이되었다. 정상적인 시장 상황에서 비교적 안정적으로 작동하던 안정화 메커니즘도 시장 가격이 급격히 변동하는 상황에서는 제대로 작동하지 못하는 경우가 많았기 때문이다. 안정화 메커니즘이 제 기능을 수행할 수 없어 토큰의 시장 가격과 목표 가치의 괴리가 확산하면서 회복이 불가능한 상황에 처한 경우도 없지 않다. 2022년 발생한 테라(Terra) 네트워크의 스테이블코인인 UST의 페그 붕괴 사태는 이러한 취약점을 극명하게 드러낸 사례다.

스테이블코인의 다면적 활용

스테이블코인은 분산 원장 기술과 기존 금융 시스템의 융합을 촉진하는 동력으로 작용해서 다양한 부문에서 혁신을 견인하고 있다. 스테이블코인은 가상 자산의 가장 큰 문제점인 시장 가격의 불안정성 문제를 해결해서 탈중앙화 금융인 디파이(DeFi)의 핵심 자산으로 확고하게 자리 잡아 디지털 생태계의 결제 및 송금과 가치의 저장 수단으로 기능하고 있다.

스테이블코인의 용도는 디파이에 그치지 않는다. 기존 금융 시스템과 디지털 자산 생태계를 연결해서 새로운 사용 사례를 창출하고 전통적 금융 방법론의 한계를 보완해서 새로운 혁신의 가능성을 제시하고 있다. 국내 상거래의 경우도 기존 금융 시스템을 통한 결제 및 송금은 복잡한 중개 과정이 필요하기 때문에 비싼 수수료와 처리 시간의 지연 같은 비효율성이 상존한다. 하지만 스테이블코인은 신용카드처럼 중개 기관에 수수료를 지불할 필요가 없어 판매자와 구매자 모두가 저비용으로 효율적이고 투명한 직접 결제가 가능하다. 스테이블코인의 효용성은 특히 국경 간 지급(cross-border payment)의 영역에서 두드러진다. 해외로 자금을 이체하는 작업을 분산 원장 기술을 이용해서 거의 실시간으로 저렴한 비용으로 처리할 수 있다(Higginson & Spanz, 2025).

가치 저장도 스테이블코인의 중요한 용도 중 하나다. 비트코인과 같은 암호 화폐는 극심한 가격 변동성 때문에 투기적 성격이 강해 안정적인 가치 저장 수단으로 활용하기가 쉽지 않다. 그러나 달러화나 금과 같은 실물 자산의 시장 가치에 가격을 연동시킨 스테이블코인은 실질적인 안전 자산이 될 수 있다. 특히 자국 통화의 가치가 불안정한 국가에서는 인플레이션 헤지를 위해 투자 목적이 아닌 일상적 생활 자금까지도 달러 스테이블코인으로 보유하는 관행이 확산하고 있다.

디파이는 은행과 같은 중개자 없이 전통 금융 시장과 유사한 투자 환경을 제공한다. 달러 스테이블코인은 실질적인 결제 통화의 역할을 수행해서 글로벌 시장을 대상으로 대출, 차입, 예치, 유동성 공급, 파생 상품 거래 등 다양한 금융 서비스를 이용할 수 있게 해 준다. 디파이 투자자에게 달러 스테이블코인은 세계 공용 화폐인 달러의 대체물로 기능하는 없어서는 안 될 중요한 자산이다.

더구나 달러 스테이블코인은 디파이 생태계의 자본 효율성을 극대화하고 예측 가능성을 높여 안정적인 금융 거래를 가능하게 만들어 준다. 투자 수단으로서의 달러 스테이블코인은 불확실성에 대응해서 예측 가능한 수익률을 추구할 수 있게 해 줄 뿐만 아니라 효율적 투자 기회(efficient investment opportunity)를 확대하는 포트폴리오 다각화의 주요 도구로 기능한다. 예를 들어 디파이 플랫폼에서 변동성이 큰 암호 화폐를 담보로 스테이블코인을 대출받아 레버리지를 활용하거나, 스테이블코인을 유동성 풀에 예치해 보다 안정적인 이자 수익을 얻는 것도 가능하다.

분산 원장 기술의 성숙에 따라 스테이블코인의 활용성은 더욱 확대되고 있다. 이에 따라 전통 금융 시스템이 디지털 자산을 수용하고 새로운 비즈니스 모델을 개발하는 혁신도 가속화되고 있다. 스테이블코인이 디지털 자산 생태계에 신뢰성과 유동성을 제공하는 기반이 될 뿐만 아니라 전통 금융 시스템과 분산 원장 기술의 통합을 가속화하는 혁신의 동력으로 작용하기 때문이다. 금융 기관은 스테이블코인을 이용해서 전통 금융 시스템에 익숙한 고객들에게 보다 효율적인 서비스와 다양한 금융 상품을 제공할 수 있고, 기업은 내부 유동성 관리나 공급망 금융 및 토큰 기반 보상 시스템 등을 통해 운영의 효율성과 유연성을 높일 수 있다. 날이 갈수록 더 많은 은행과 다양한 산업이 스테이블코인을 수용해서 결제 시스템 개선 및 새로운 사용 사례(usecase)를 창출하면서 새로운 금융 생태계를 더욱 풍성하게 만들고 있다.

신뢰 구축과 규제 환경

스테이블코인은 큰 잠재력만큼이나 다양한 위험 요소를 내재하고 있다. 건전한 발전과 안정적인 사용 환경을 구축하기 위해 명확한 규제 체계를 구축해서 위험 요소들을 적절하게 관리하는 것이 중요하다. 스테이블코인 시장의 건전한 성장을 위해 소비자 보호, 금융 안정성 유지, 불법 활동 방지라는 세 가지 목표를 지향하는 규제 환경의 구축이 필요하다.

스테이블코인은 법정 화폐와 같은 준거 자산에 가치를 연동하지만 발행사의 부실한 준비 자산 관리나 갑작스러운 담보물의 가치 하락, 혹은 가격 안정화 알고리즘의 설계 결함 등 여러 원인으로 디페깅이 발생할 수 있다. 페그의 붕괴 가능성에 대비해서 금융 시스템의 신뢰성과 소비자 보호를 강화하는 것이 무엇보다 중요하다.

스테이블코인의 디페깅은 직접 이를 보유하고 있는 투자자에게 심각한 손실을 초래하는 데 그치지 않고 다양한 경로로 시장 전체의 신뢰를 저하시킬 수 있다. 대규모 스테이블코인의 페그가 불안정해지면 뱅크 런(bank run)과 유사한 코인 런(coin run)이 발생해서 전통 금융 시장을 포함한 금융 시스템 전반의 안정성을 위협할 수 있다. 2022년 UST의 급격한 페그 붕괴는 준비 자산을 갖추지 않은 알고리드믹 스테이블코인에 대한 국소적 시장 충격의 파급 효과가 매우 빠른 속도로 디지털 자산 생태계 전반으로 확산될 수 있다는 것을 극명하게 보여 주었다.

이런 이유로 다수 국가에서 스테이블코인에 대한 규제의 초점을 일차적으로 준비 자산 관리의 투명성을 확보하는 데 맞추고 있다. 비교적 안전한 법정 화폐 담보 스테이블코인도 발행사가 주기적으로 준비 자산의 관리 상태에 대한 보고서를 작성하고 독립적 외부 감사를 통해 이를 공표하지 않으면 토큰 보유자들이 상환 능력을 확신하기 어렵다. 규제 당국이 스테이블코인 발행사에 대한 면밀한 감시와 집행 조치를 통해 감사 관행과 공시 자료 개선을 유도하고 투명성을 강화해야 한다. 실제로 오늘날 가장 널리 사용되는 스테이블코인인 USDT도 과거 준비 자산 관리의 불투명성 때문에 신뢰성에 대한 논란이 지속되었다(Crisanto et al., 2024).

사이버 보안 관련 위험 역시 간과할 수 없다. 분산 원장 기술 자체는 고도의 보안성을 확보할 수 있지만 스마트 콘트랙트의 취약점이 악의적 공격 대상이 될 수 있다. 스테이블코인 발행사의 시스템 및 거래 플랫폼과 개인 지갑(wallet)도 해킹 등의 위험에 노출될 수밖에 없다. 이러한 취약성이 자금 탈취나 서비스 중단으로 이어지는 경우 그 파급 효과가 개별 이용자의 자산 손실에 그치지 않고 시장 전체로 확산되어 디파이 생태계 전반의 안정성을 해칠 수도 있다.

규제는 시장 신뢰를 구축하고 건전한 혁신을 지원하는 동시에 잠재적 위험을 효과적으로 통제하는 데 핵심적인 역할을 수행한다. 특히 자금 세탁 및 테러 자금 조달 방지(AML-CFT) 등 제도적 장치를 강화해서 스테이블코인이 불법 활동에 연루되거나 범죄에 악용되는 것을 차단하는 것이 중요하다. 이를 위해 단순한 고객의 신원 확인을 넘어 실효성 있는 감시 체제를 구축하고 보다 능동적으로 거래 패턴을 추적해서 분석할 수 있는 제도적 환경을 구축해야 한다.

규제는 기술 혁신에 양면적인 영향을 미친다. 스테이블코인에 대한 규제가 디지털 자산 생태계 전반의 발전을 촉진할 수도, 혁신을 저해할 수도 있기 때문에 모든 이해관계자가 협력해 복잡한 법적 환경 속에서 성장 동력을 확보하는 전략을 모색하는 것이 중요하다(Cianfrocca, 2023). 기술 중립적 입장에서 일반적인 원칙을 확립하고 규제 대상별로 기능과 위험 수준에 따라 차등적 규제를 적용하는 위험 기반 접근을 지향하는 것이 바람직하다. 일시적인 규제 완화 상태에서 혁신이 추진될 수 있도록 규제 샌드박스(regulatory sandbox)를 도입하는 것도 필요하다. 새로운 기술과 아이디어가 신속하게 도입될 수 있도록 지원하면서 피드백을 통해 지속적인 개선을 이루어 신뢰성과 안정성을 높이는 데 기여할 수 있다.

2024년 유럽 연합(EU)과 2025년 미국에서는 본격적인 스테이블코인 규제가 시행되었고, 이미 일본 및 홍콩 등도 스테이블코인의 제도화에 적극 임하고 있다. 스테이블코인 생태계의 지속 가능한 성장을 위해서는 다양한 시장 참여자들이 직접 법률 환경의 변화 과정을 면밀히 탐색하는 것이 필요하다. 특히 스테이블코인의 이용자 기반이 국경을 초월한다는 점을 감안해서 규제 차익 거래(regulatory arbitrage)를 방지할 수 있도록 일관된 글로벌 표준을 확립하는 국제 협력이 필요하다. G20 등 주요 국가의 규제 당국과 금융 안정 위원회(Financial Stability Board, FSB) 같은 국제기구를 중심으로 스테이블코인의 포괄적 규제 프레임워크의 구축 노력이 활발하게 진행 중이다. 아직은 초기 단계이지만 공통 지침을 마련하고 각국이 이를 토대로 자국 특성에 맞는 법률과 제도를 구축할 수 있도록 협조해 나가고 있다.

스테이블코인 생태계의 지속 성장

다양한 부문에서 분산 원장 기술과 전통 시스템의 통합이 가속화되면서 스테이블코인이 견인하는 금융 혁신도 더욱 가속화될 것이다. 스테이블코인에 관련된 제도 정비도

가속화될 것이고, 이에 따라 금융 기관 및 기업의 참여가 활발해지면 시장 규모도 더욱 확장될 것이다. 전통 금융 기관은 결제 시스템 개선과 새로운 사용 사례 개발을 활발히 추진할 것이며, 글로벌 기업은 운영 효율성 제고와 새로운 비즈니스 모델 창출을 통해 디지털 경제와 실물 경제를 마찰 없는(frictionless) 거래로 연결하는 시도를 확대해 나갈 것이다.

웹3 생태계는 개인이 데이터와 디지털 신원에 대한 통제권을 갖는 탈중앙화된 인터넷을 지향한다. 스테이블코인 활용 범위는 웹3 관련 신흥 기술과의 시너지를 통해 빠르게 확장될 것이다. 다양한 거래 플랫폼들이 탈중앙화 방식으로 복잡하게 연결된 웹3 환경에서 결제 안정성을 확보한 스테이블코인이 기본 통화 역할을 수행하면 토큰화된 자산 거래를 효율적으로 지원할 수 있다. 예를 들어 소액 결제, 디지털 콘텐츠 수익화, 분산형 자율 조직(DAO) 거버넌스 등 다양한 활동을 지원하는 핵심적인 교환 매개체로 스테이블코인을 사용할 수 있다. 이와 더불어 자산 유동화 같은 전통적 금융 기법을 웹3 기반으로 혁신하면 새로운 금융 상품과 서비스 제공이 가능해질 수 있다. 현실 자산(RWA) 토큰화 등 새로운 금융 기법이 사물인터넷(IoT)과 인공지능(AI) 같은 첨단 기술과 결합되면 스테이블코인을 매개로 스마트 콘트랙트 기반의 자동화된 결제 시스템 및 금융 서비스를 활성화할 수 있다.

스테이블코인 프로토콜 자체도 지속적 기술 혁신을 통해 보다 빠르고, 확장 가능하며, 회복력 있는 금융 시스템을 운영할 수 있는 기반을 구축하면서 빠르게 발전해 나갈 것이다. 스마트 콘트랙트 혁신을 지원하는 첨단 아키텍처와 담보의 분산 관리, 동태적 토큰 공급 알고리즘, DAO를 통한 거버넌스 민주화 등을 포함하는 기술 혁신이 스테이블코인 프로토콜의 적응력과 구조적 무결성을 강화할 수 있다(Metana Editorial, 2025). 규제 기술(RegTech)의 발전에 따라 AI 등을 이용한 실시간 거래 모니터링과 분산 원장 분석이 가능해지면 보고 요건을 간소화하면서도 위험 관리와 준법 및 감독 효율성을 개선할 수 있다. 규제 프로세스와 프로토콜 혁신이 보조를 맞추어 스테이블코인과 전통 금융 시스템 통합을 촉진해서 새로운 금융 생태계 형성에 기여하게 된다(Arner et al., 2020).

이러한 기대를 현실화하려면 스테이블코인 생태계의 이해관계자들이 앞장서서 다양한 과제들을 해결해야 한다. 지속적 연구와 기술 개발, 그리고 정책적 노력을 통해서만 스테이블코인이 더욱 안전하고 포용적인 디지털 금융 생태계의 초석으로 자리매김할 수 있다. 기술적 측면에서 상호 운용성을 강화하고 보안 프로토콜을 고도화하며 시장 참여자들의 신뢰 구축을 위해 투명한 운영 관행을 정착시키는 것이 중요하다. 규제 및 감독 당국은 스테이블코인의 본질적 위험을 지속적으로 관리할 수 있는 제도적 환경을 구축해서 디지털 생태계와 전통 금융 시스템에 미칠 부정적 영향을 최소화하기 위해 노력해야 한다. 이와 더불어 국제적 호환성을 확보해서 규제의 상충과 같은 불확실성을 해소하는 것도 중요하다(Financial Stability Board, 2020).

국가 전략의 중요성

현재 글로벌 스테이블코인 시장의 시가 총액 거의 대부분을 달러 스테이블코인이 차지한다(Aldasoro et al., 2025). 그렇기 때문에 비달러화 국가, 특히 우리나라와 같은 비기축 통화 국가가 스테이블코인의 제도화를 논의할 때 규모를 기준으로 스테이블코인의 성공 요인과 한계를 분석하는 것은 바람직하지 못하다. 달러 스테이블코인 중에서도 시장 점유율이 높은 일부 발행사의 비즈니스 모델을 모범사례로 추종하는 것은 더욱 조심할 필요가 있다. 자칫 달러화 연동이라는 특성에 기인한 현상을 다른 국가의 화폐에 연동된 스테이블코인의 경우에도 적용될 수 있는 표준인 양 일반화하면 불필요한 자원 낭비와 정책 혼선을 초래할 수 있기 때문이다. 각국은 자국 통화의 특성 및 시장 환경을 면밀히 고려해 이들과는 차별화된 접근 방식을 신중하게 모색해야 한다.

기술적 특성은 스테이블코인의 성공에 매우 중요한 요소다. 달러 스테이블코인의 경우 이런 기술적 특성에 더해 전 세계의 공용 화폐인 달러화에 접목한 것이 핵심 성공 요인이라고 보아야 한다. 비달러화 스테이블코인 발행이 활성화되지 않은 이유는 기술의 문제가 아니라 충분한 수요가 존재하지 않기 때문으로 보는 것이 타당하다. 법정 화폐 담보 스테이블코인을 발행하는 것이 기술적 측면에서 크게 어려운 과제가 아니지만 많은 국가가 이미 국내 거래에서 충분히 효율적인 지급 결제 시스템을 갖추어 스테이블코인을 사용할 필요성을 크게 느끼지 못하고 있다.

반면에 달러는 발행국인 미국의 경제 규모와 국제 교역의 결제 수단이라는 점만으로도 충분한 글로벌 수요가 존재한다. 더구나 전 세계의 개인 및 기업이 달러 스테이블코인을 달러화와 동일한 자산으로 간주한다. 많은 스테이블코인 이용자들이 USDT나 USDC처럼 실제 달러화나 미국의 단기 국채를 담보로 발행된 토큰이 실제로 달러화에 대한 접근성을 획기적으로 개선한 것으로 생각한다. 특히 달러화의 실물 확보가 쉽지 않고 통화 가치가 불안정한 미국 이외 국가에 거주하는 개인 및 기업에게 이는 매우 중요한 의미를 가진다. 인플레이션 헤지 등을 위해 자국 통화 이외에 달러화를 필요로 하는 기업이나 개인이 많아 특별히 분산 원장 기술이나 웹3 생태계에 대한 관심이 없어도 달러 스테이블코인에 대해 충분한 수요가 존재한다.

실제로 스테이블코인의 용도가 국경 간 결제나 비거주자의 거래 및 가치 저장 수단으로만 국한되는 것은 아니다. 디파이 생태계 내부에서 이루어지는 다양한 가상 자산과 RWA 토큰 거래 및 금융 기관 간 대규모 금융 상품 거래의 결제 등을 인도 대 지급(Delivery vs Payment, DvP) 방식으로 지원하는 것은 비달러화 스테이블코인도 충분히 가능하다. 그러나 이러한 사용 사례에서도 이미 글로벌 시장의 거대한 수요를 확보하고 있는 달러 스테이블코인은 다른 통화에 연계된 스테이블코인이 얻기 어려운 네트워크 효과를 누릴 수 있다.

또 하나 중요한 요소는 디파이의 특징 중 하나가 분산 원장 네트워크별로 독자적인 생태계를 구축하는 경향이 있다는 점이다. 스마트 콘트랙트의 기술적 특성으로 인해 다른 네트워크에서 발행된 토큰들의 상호 운용성이 확보되지 않는 파편화(fragmentation)의 문제가 있기 때문이다. USDT나 USDC 같은 대규모 달러 스테이블코인 발행사들은 이 문제를 해결하기 위해 이더리움이나 솔라나처럼 사용자 기반이 큰 네트워크별로 독자적인 토큰을 발행한다. 그러나 규모가 크지 않은 발행사는 다양한 플랫폼을 이용하기 어려워 개별 프로토콜과 목표 고객의 특성에 따라 구체적인 발행 플랫폼을 선택할 수밖에 없기 때문에 수요 확대가 더욱 어려워진다.

파편화의 문제는 수요가 제한된 비달러화 국가들이 자국통화 스테이블코인을 발행하는 것을 더욱 어렵게 만드는 요인으로 작용한다. 국제화되지 않은 통화에 연계된 스테이블코인은 글로벌 수요가 미미할 뿐만 아니라, 디파이나 RWA 토큰 거래 등을 목적으로 자국 통화에 연동된 스테이블코인을 발행하더라도 다양한 분산 원장 네트워크에 이를 공급하는 것이 문제가 된다. 달러 스테이블코인처럼 거대한 수요 기반이 존재하지 않기 때문에 다양한 플랫폼에서 토큰을 발행해도 플랫폼별로 적절한 수요를 확보해서 페그를 유지하는 것이 쉽지 않기 때문이다.

기축 통화 중 하나인 유로(EURO)화의 경우도 달러화에 비해 글로벌 수요가 턱없이 적기 때문에 이를 기반으로 발행된 스테이블코인도 아직 규모가 미미한 상태에 머물러 있다(Panetta, 2022). 그래도 유로 스테이블코인은 유럽 연합 등 유럽 시장 고유의 디파이 수요와 토큰 증권 활성화 노력 등을 통해 점진적으로 시장의 규모가 확대되어 갈 것을 기대할 수는 있다. 그러나 우리나라의 경우 현재 비기축 통화인 원화에 대한 국경 간 결제 및 송금 용도의 수요 기반이 미미한 상태다. 더구나 원화 스테이블코인을 발행하는 것이 원화에 대한 비거주자의 수요 확대 요소로 작용할 개연성이 크지 않다. 뿐만 아니라 제도의 미비로 원화 기반 디파이나 RWA 토큰 거래 등의 수요도 크지 않아 디파이 생태계에서 원화 스테이블코인에 대한 수요가 급증할 것을 기대하기도 어렵다는 점을 유념할 필요가 있다. 그렇기 때문에 원화 스테이블코인을 발행하더라도 파편화 문제를 극복하는 것이 현실적으로 불가능할 것이라고 보아야 한다.

CBDC와 스테이블코인, 공존의 길

디지털 금융 생태계가 성숙해지면서 중앙은행 디지털 화폐(CBDC)와 스테이블코인 간 경쟁은 더욱 심화될 수밖에 없다. 하지만 양자가 상호 보완적 역할을 수행하는 하이브리드 금융 생태계를 형성해 공존하는 것이 불가능한 것만은 아니다. 양자가 경쟁과 협력 관계를 구축해서 각자의 강점을 극대화하고 서로의 단점을 보완하는 시너지를 창출함으로써 디지털 금융 생태계의 혁신과 번영을 추구해야 한다(Bindseil, 2020). 그렇기 때문에 자국 통화 스테이블코인 제도화를 추구하는 국가는 특히 CBDC 도입과 밀접한 연관성하에서 문제에 접근할 필요가 있다.

발행 및 유통을 중앙은행이 직접 통제하는 CBDC는 금융 안정 및 통화 정책의 효율성을 높일 수 있다. 하지만 유연성과 혁신적 기능이 스테이블코인에 비해 제한적이거나 개인의 프라이버시 침해 등의 문제를 야기할 수 있다(Adrian & Mancini-Griffoli, 2019). 스테이블코인은 투명성, 명료성, 책임성을 기반으로 이용자 보호를 강화하고 신뢰성을 확보할 수 있지만 시장의 급격한 변동성에 대한 취약성을 보완할 필요가 있다. 스테이블코인이 혁신을 통해 새로운 서비스와 사용자 경험을 제공하고 CBDC가 안정성과 신뢰성을 바탕으로 결제 시스템의 근간을 제공하면 전반적인 금융 서비스의 접근성과 효율성을 높일 수 있다.

디지털 자산 생태계의 설계를 담당하는 정책 당국은 CBDC가 법적, 제도적 신뢰를 바탕으로 금융 시스템 전반의 안정성과 정책 유효성을 높이는 데 기여하고 스테이블코인이 기술 혁신을 선도해서 디지털 화폐의 다양한 이점을 구현하는 협업 체제 구축을 위해 노력해야 한다. 스테이블코인의 혁신 기능을 수용하고 지원하기 위한 명확한 규제 체계를 확립하고, 규제 당국이 다양한 이해관계자와의 소통을 강화해서 시장 환경 변화와 기술 발전에 유연하고 창의적으로 대응해야 한다(Bank for International Settlements, 2022).

참고문헌

Adrian, T. & Mancini-Griffoli, T.(2019). *The rise of digital money*. IMF FinTech Note, No. 19/01. Washington, DC: International Monetary Fund. https://doi.org/10.5089/9781498324908.063

Aldasoro, I., Aquilina, M., Lewrick, U., & Lim, S. H.(2025.7.11). Stablecoin growth-policy challenges and approaches. BIS Bulletin, No. 108. Basel: Bank for International Settlements. https://www.bis.org/publ/bisbull108.pdf

Arner, D. W., Zetzsche, D. A., & Buckley, R. P.(2020). The global digital finance regulatory agenda. In T. Walker, W. R. Scott, & N. Gatzert(Eds.), *The Oxford Handbook of Digital Finance*(pp.531-562). Oxford: Oxford University Press.

Bank for International Settlements(2022.6.21). Annual economic report 2022, Chapter III: The future monetary system. Basel: Bank for International Settlements. https://www.bis.org/publ/arpdf/ar2022e3.htm

Bindseil, U.(2020). Tiered CBDC and the financial system. ECB occasional paper series, No. 235. Frankfurt am Main: European Central Bank. https://www.ecb.europa.eu/pub/pdf/scpwps/ecb.wp2351~

c8c18bbd60.en.pdf

Brainard, L.(2021). Private money and central bank money as payments go digital: An update on CBDCs. Speech at the Consensus by CoinDesk 2021 Conference, Washington, D.C., May 24. Board of Governors of the Federal Reserve System.
https://www.federalreserve.gov/newsevents/speech/brainard20210524a.htm

Cianfrocca, M.(2023). A comparative analysis of Stablecoin regulation in the EU and US. *Georgetown Law Technology Review, 7*(2), pp.263-294.

Crisanto, J. C., Ehrentraud, J., & Ocampo, D. G.(2024). Stablecoins: Regulatory responses to their promise of stability. *FSI Insights on Policy Implementation*, No. 57. Basel: Bank for International Settlements.
https://www.bis.org/fsi/publ/insights57.pdf

Financial Stability Board(2020). Regulation, supervision and oversight of 'global stablecoin' arrangements. Final Report and High-Level Recommendations. Basel: Financial Stability Board.
https://www.fsb.org/2020/10/regulation-supervision-and-oversight-of-global-stablecoin-arrangements/

Garratt, R. & van Oordt, M. R. C.(2019). Stablecoins and decentralized finance. Banking Perspectives, The Clearing House, Summer 2019.

Higginson, M. & Spanz, G.(2025.7.21). The stable door opens: How tokenized cash enables next-gen payments. McKinsey & Company.
https://www.mckinsey.com/industries/financial-services/o

ur-insights/the-stable-door-opens-how-tokenized-cash-enables-next-gen-payments

Hou, T-C. & Yao, F.(2023). Decentralized governance in crypto: The case of Stablecoins. *Journal of Financial Economics, 149*(3), pp.395-413.

Mahrous, A., Caprolu, M., & Pietro, R. D.(2025). Stablecoins: Fundamentals, emerging issues, and open challenges. arXiv. https://arxiv.org/abs/2507.13883

Metana Editorial(2025.4.3). MakerDAO and DAI: How Stablecoins power DeFi. Metana Blog, https://metana.io/blog/makerdao-and-dai-how-stablecoins-power-defi/

Panetta, F.(2022.3.30). A digital euro that serves the needs of the public: striking the right balance. Introductory statement at the Committee on Economic and Monetary Affairs of the European Parliament, Brussels. https://www.ecb.europa.eu/press/key/date/2022/html/ecb.sp220330_1~f9fa9a6137.en.html

Samman, F.(2020). MakerDAO: An assessment. In S. Voshmgir(Ed.), *Token economy: How the Web3 reinvents the internet*, 3rd ed. Token Kitchen. https://token.kitchen/token-economy/third-edition/ch20-use-case-2-makerdao

01

스테이블코인 개요

스테이블코인은 법정 화폐에 준하는 가격 안정성을 구현한 디지털 자산이다. 명칭에 코인이라는 표현이 포함되어 있지만 관행적인 구분상 토큰에 해당한다. 결제 시스템의 효율성을 높이고 금융 포용성을 확대하며 탈중앙화 금융(DeFi)과 전통 금융을 연결하는 핵심 인터페이스로 기능한다.

스테이블코인의 의의

분산 원장 기술을 이용하면 누구나 탈중앙화된 네트워크를 기반으로 디지털 자산을 생성하고 거래할 수 있다. 해외에서는 디지털 자산을 가리키는 법률적 용어로 '암호 화폐(cryptocurrency)'나 '암호 자산(crypto asset)'을 사용하는 경우가 많다. 우리나라 법률은 2025년 9월 현재 이러한 용어를 채택하지 않고 암호 화폐 및 암호 자산을 모두 '가상 자산'이라 부른다. 정부는 분산 원장 기술로 발행된 증권을 가상 자산과 구분해 '토큰 증권'으로 표기하고 있지만 아직 법률에 명시적으로 정의되지는 않았다. 이처럼 법률적으로 정의되지 않은 상태에서 코인과 토큰이라는 용어를 사용하는 경우는 쉽게 찾을 수 있다. 많은 문헌이 독자적 네트워크를 기준으로 양자를 구분하지만 국내 규제 체계에서는 이런 관행적 구분을 엄격하게 적용하지 않는다.

스테이블코인(stablecoin)은 법정 화폐에 준하는 가격 안정성을 구현한 디지털 자산이다. 명칭에 '코인'이라는 표현이 포함되어 있지만 대부분 분산 원장 네트워크를 플랫폼으로 스마트 콘트랙트를 이용해서 발행되어 관행적인 구분상 토큰에 해당한다. 해외에서는 이미 상당한 사용자 기반을 확보하고 있으며, 유럽 연합(EU)과 미국을 비롯한 다수 국가가 법률 제정 등 제도화를 적극적으로 추진하고 있다. 스테이블코인은 대부분의 국가에서 법률상 정의 여부와 관계없이 일반적 용어로 사용된다. 우리나라도 2025년 9월 현재 국회에 제출된 복수의 법안들은 외래어인 '스테이블코인'을 직접 정의하지 않는다. 그 대신 앞에 '자산 연동형', '가치 안정형', 또는 '가치 고정형'이라는 수식어를 붙여 디지털 자산의 특수한 형태로 간주한다.

이 책에서는 디지털 자산을 포괄적 의미로, 그 세부 유형을 가상 자산, 토큰 증권, 스테이블코인이라는 세 가지 용어로 구분한다. 해외 문헌에서 암호 화폐나 암호 자산을 명시적으로 사용하는 경우에는 이를 그대로 따르며, 방법론적 특성을 강조하기 위해 '스테이블코인의 시장 가격' 대신 '토큰의 시장 가격'과 같은 표현을 쓰기도 한다.

분산 원장 기술로 발행된 가상 자산은 혁신의 산물이지만 법정 화폐로 환산한 가치인 시장 가격의 변동성이 매우 크다. 이를 화폐처럼 사용하는 경우 실시간 소액 결제조차 상당한 위험에 노출되어 안정적인 결제 수단으로 사용하기 어렵다. 변동성이 큰 자산만으로는 일상적인 결제나 회계 처리가 어렵다는 인식이 가상 자산 생태계 내부에 확산하면서 예측 가능하고 신뢰할 수 있는 교환 매개체 및 가치 저장 수단에 대한 수요가 커졌다(Jain, 2024). 이러한 배경에서 탄생한 스테이블코인은 결제 시스템의 효율성을 높이고 금융 포용성을 확대하며 탈중앙화 금융, 즉 디파이(DeFi)와 전통 금융을 연결하는 인터페이스로 기능한다.

스테이블코인은 분산 원장 기술의 효율성과 개방성을 결합했다. 무엇보다 가격 정보 확인과 실제 결제 처리 시점 사이의 간극을 최소화해서 결제의 안정성과 신뢰 회복을 도모한다. 특히 안전 자산에 연동된 스테이블코인은 법정 화폐의 대용물로 사용되면서 국경 간 송금과 디지털 상거래에서 낮은 비용과 빠른 결제를 가능하게 한다. 그 밖에 자국 통화의 가치 변동성이 큰 국가에서는 신뢰할 수 있는 가치 저장 수단으로 활용되기도 한다. 스마트 콘트랙트를 이용해 자금의 조건부 이체를 프로그램화하면 탈중앙화 네트워크가 자동화된 방식으로 결제를 실행할 수 있어 디파이의 핵심 수단이 된다. 디파이 생태계는 스테이블코인을 대출, 차입, 담보 제공 등 다양한 거래를 결제하는 화폐이자 헤지 수단으로 활용하며, 금융공학과 프로그래밍 기능을 접목해 복합적인 금융 상품을 설계하는 주요 재료로도 활용한다(Zhang, 2025).

스테이블코인의 주요 특징

디지털 자산이자 지급 수단인 스테이블코인은 토큰 형태의 구조와 작동 방식에 분산 원장 기술의 장점과 한계가 모두 반영된다. 분산화된 네트워크가 지급 결제의 안전성, 효율성, 투명성 같은 긍정적 속성을 제공하지만, 동시에 기술적 제약과 네트워크의 취약성도 그대로 스테이블코인에 전가된다.

분산 원장 네트워크는 모든 노드가 실시간으로 거래를 검증하고 기록하는 방식으로 복수의 중개 기관이 순차적으로 거래를 처리하는 전통 금융 방법론의 한계를 극복한다(Antonopoulos, 2017). 하지만 이런 구조는 합의 알고리즘의 취약성을 노린 외부의 공격 가능성에 노출될 수 있다. 스마트 콘트랙트를 활용하면 복잡한 거래를 구조화해서 자동으로 실행할 수 있지만 코드 결함이나 설계 미비로 인한 결제 실패나 자산 손실 가능성을 완전히 배제하기 어렵다. 실물 자산을 토큰화해서 인도 대 지급(Delivery vs Payment, DvP) 방식으로 스테이블코인과 교환하면 결제 리스크를 제거할 수 있지만 토큰과 실물 자산의 연계가 불완전하면 치명적 결과를 초래할 수도 있다.

스테이블코인은 오프라인 화폐와 동일한 역할을 디지털 환경에서 수행하기 때문에 교환의 매개체, 계산의 단위, 가치 저장의 수단이라는 화폐의 기본 속성을 갖추어야 한다. 그러나 준거 자산(reference asset)의 시장 가격인 목표 가치와 법정 화폐로 환산한 스테이블코인의 시장 가격을 항상 일치하는 상태로 유지하는 것은 현실적으로 불가능하다. 스테이블코인은 주로 거래소를 통한 매매 방식으로 거래되기 때문에 시장 가격이 내재 가치가 아닌 토큰에 대한 수요와 공급에 따라 형성되기 때문이다. 스테이블코인은 안정화 메커니즘을 이용해서 이러한 한계를 보완한다(Bank for International Settlements, 2020).

예를 들어 법정 화폐 담보 스테이블코인은 토큰을 목표 가치로 상환해 줄 수 있는 담보 역할을 하는 준비 자산을 법정 화폐나 그 등가물로 확보한다. 암호 자산 담보 스테이블코인은 준비 자산의 가격 하락에 대비해서 과다 담보와 선제적 청산 및 상환 규칙 등을 적용한다. 준비 자산이 없는 알고리드믹 스테이블코인의 경우 스마트 콘트랙트가 시장 상황에 따라 추가 발행이나 소각을 실행하는 방식으로 토큰의 시장 가격과 목표 가치의 괴리를 조정한다. 각 방식은 자본 효율성, 투명성, 그리고 시장 급변이나 스트레스 상황에서의 견고성 측면에서 서로 다른 특성을 보인다.

안정화 메커니즘의 설계와 운용뿐만 아니라 거버넌스

구조와 리스크 관리 체계도 스테이블코인의 안정성과 채택 속도에 직접적인 영향을 미친다. 발행사가 의사 결정을 주도하는 중앙 집중형 구조는 규제 대응과 운영 효율성이 높지만 투명성 부족과 이해관계자 참여 제한의 우려가 있다. 커뮤니티나 프로토콜이 의사 결정을 실행하는 분산형 구조는 검열 저항성과 규칙 집행의 투명성이 높지만 의사 결정 효율성이나 규제 대응 능력에 한계가 있다. 어떤 구조를 채택하든 토큰 상환 메커니즘의 명료성, 이해관계자 간의 책임 배분과 비상 상황에 대한 대응 절차 등을 명확히 규정하고 주요 리스크를 사전에 식별하고 대비할 수 있는 장치를 갖추는 것이 중요하다(Ma et al., 2023).

스테이블코인과 법정 화폐의 비교

스테이블코인은 전통 금융 시스템과 디지털 자산 생태계를 잇는 가교 역할을 수행한다. 법정 화폐와 실질적으로 동일한 화폐의 역할을 수행하지만 사용 환경의 본질적 속성이 크게 다르기 때문에 여러 측면에서 차이가 날 수밖에 없다(Bindseil, 2019).

양자의 가장 큰 차이는 일반 대중의 신뢰를 확보하는 메커니즘과 이를 규정하는 거버넌스 구조에서 찾을 수 있다. 법정 화폐는 국가의 신용과 권위가 신뢰의 기반이다.

중앙은행이 발권력을 바탕으로 통화 정책을 운용하며 금리와 유동성을 정교하게 관리해서 실물 경제를 지원하고 물가 안정을 도모한다. 스테이블코인은 거버넌스를 민간 발행사와 분산 원장 기반의 프로토콜, 그리고 스마트 콘트랙트에 의존한다. 법정 화폐나 암호 자산을 준비 자산으로 사용하는 경우 신뢰 수준을 결정하는 핵심 요소는 스테이블코인을 법정 화폐로 교환해 주는 상환 메커니즘과 준비 자산의 구성 및 유동성, 상환 절차의 예측 가능성 등을 투명한 정보 공개와 외부 감사로 뒷받침하는 것이다. 알고리드믹 스테이블코인의 경우 준비 자산이 없기 때문에 토큰의 공급을 조절하는 코드의 견고함 등이 신뢰의 기반이 된다(Adrian & Mancini-Griffoli, 2019).

법정 화폐와 스테이블코인의 실질적인 차이는 화폐로서의 속성보다 지급 결제에 이용되는 하부 구조의 기술적 특성에 기인하는 것이 대부분이다. 무엇보다 결제 속도와 비용 측면에서 양자 간의 차이가 뚜렷하다. 은행 시스템 등 전통적 결제 하부 구조에 의존하는 법정 화폐는 기술적 제약이 효율성을 제한하는 경우가 많다. 또한 주로 국가별 통화 시스템과 규제 범위 내에서만 사용되기 때문에 법률적 복잡성이 더해지는 국경 간 지급의 경우 비효율성이 극명하게 드러난다. 반면 스테이블코인은 분산 원장 네트워크의 모든 노드가 실시간으로 정보를 공유해 지급과 결제를 동시에 처리하기 때문에 청산 및 정산 과정을 생략할 수 있어 신속하게 결제가 완료되며 수수료 부담도 낮을 뿐만 아니라 글로벌 접근성도 쉽게 확보할 수 있다(Bratcher, 2025).

투명성과 보안 측면의 차이도 중요하다. 법정 화폐는 기존의 금융 하부 구조를 활용해서 운영 안정성을 용이하게 확보할 수 있지만 다양한 중개 기관이 참여하기 때문에 내부 통제 불투명성에 기인한 사기 및 사이버 위협에 취약할 수 있다. 스테이블코인은 투명성이 확보된 분산 원장 기술을 통해 담보 자산 관리나 안정화 메커니즘과 관련된 주요 정보를 실시간으로 외부에서 검증할 수 있다. 또한 적극적으로 프로그래머빌리티(programmability)를 활용해서 자동화에 따른 처리 비용의 절감을 넘어 인적 오류의 가능성까지도 획기적으로 줄일 수 있다. 그러나 토큰의 발행사나 준비 자산 수탁 기관의 기술 및 운영 측면의 문제를 엄격하게 관리하는 데 한계가 있기 때문에 법정 화폐와 같은 안정성을 확보하기 어렵다(Elliptic, 2025).

참고문헌

Adrian, T. & Mancini-Griffoli, T.(2019). *The rise of digital money*. IMF FinTech Note, No. 19/01. Washington, DC: International Monetary Fund. https://doi.org/10.5089/9781498324908.063

Antonopoulos, A. M.(2017). *Mastering bitcoin: Programming the open blockchain*. 2nd ed. Sebastopol, CA: O'Reilly Media. https://www.oreilly.com/library/view/mastering-bitcoin-2nd/9781491954379/

Bank for International Settlements(2020.10.9). Central bank digital currencies: Foundational principles and core features. Basel: Bank for International Settlements. https://www.bis.org/publ/othp33.htm

Bindseil, U.(2019.1). Evaluating the option of Central Bank Digital Currency. ECB Occasional Paper Series, No. 228. Frankfurt am Main: European Central Bank. https://www.ecb.europa.eu/pub/pdf/scpwps/ecb.wp2351~c8c18bbd60.en.pdf

Bratcher, B.(2025.6.22). Stablecoins vs. CBDCs: What's the difference?. *Forbes*. https://www.forbes.com/sites/digital-assets/article/stablecoins-vs-cbdcs/

Elliptic(2025.9.18). Stablecoin security risks in 2025: Full risk assessment guide. https://www.elliptic.co/blockchain-basics/stablecoin-2025-risk-assessment-guide

Jain, V.(2024.4). Enhancing payment ecosystems: The role of stablecoins in modern finance. *International Journal of Computer Trends and Technology, 72*(4), pp.123-135. https://ijcttjournal.org/Volume-72%20Issue-4/IJCTT-V72I4P116.pdf

Ma, Y., Zeng, Y., & Zhang, A. L.(2023.6). Stablecoin runs and the centralization of arbitrage. Working Paper. https://www.ecb.europa.eu/press/conferences/shared/pdf/20231109_money_markets/Ma_paper.ng.pdf

Zhang, C.(2025.4.30). How stablecoins, blockchain-based payment networks could reshape global finance. *Forbes.* https://www.forbes.com/councils/forbesfinancecouncil/2025/04/30/how-stablecoins-blockchain-based-payment-networks-could-reshape-global-finance/

02

스테이블코인의 진화

스테이블코인은 탈중앙화 네트워크의 기술적 혁신과 기존 전자 화폐 모델의 제도적 교훈이 결합해 탄생한 결과물이다. 분산 원장 기술이 제공하는 개방성과 투명성을 활용하고 과거의 시도가 실패한 이유를 보완함으로써 가상 자산 생태계와 전통 금융 시스템을 연결하는 핵심 도구가 되었다.

스테이블코인의 태동과 배경

비트코인 네트워크는 중앙은행에 의존하지 않고 분산 원장의 한 형태인 블록체인(blockchain)을 활용해서 '비트코인'이라는 가상의 화폐를 발행하고 그 소유권을 기록한다. 피투피(peer-to-peer, P2P) 방식으로 작동하는 분산화 네트워크가 블록체인에 코인의 소유권을 기록해서 관리하면서 지급 결제를 처리한다. 비트코인은 은행 중심 결제 시스템에 의존하지 않고 암호 기법으로 프라이버시를 보호해서 비실명 거래의 이중 지불(double spending) 문제를 해결한 최초의 암호 화폐다(Nakamoto, 2008).

이더리움은 탈중앙화 네트워크가 스마트 콘트랙트를 통해 토큰을 생성하고 조건부 지급 결제를 자동으로 실행할 수 있게 만들었다. 암호 화폐의 속성에 프로그래머빌리티를 더해 다양한 실물 및 금융 자산의 소유권을 토큰 형태로 만들거나 지금까지 존재하지 않던 새로운 형태의 가상 자산을 생성해서 거래하는 방법론의 기반을 구축했다. 이 기술을 활용해 전통 금융 시장을 모방하는 데에서 출발한 디파이가 활성화되면서 점차 기존 방법론의 한계를 넘어서는 다양한 금융 거래를 디지털 환경에서 구현할 수 있게 되었다. 이에 따라 법정 화폐의 대용물로 사용할 수 있는 토큰인 스테이블코인에 대한 수요가 크게 늘어났다(이건호, 2022).

초기의 암호 화폐 개발 노력은 디지털 환경에서 비실명 결제를 구현하는 데 초점을 맞추었다. 데이비드 차움(David Chaum)은 은행 예금을 기반으로 비실명 결제를 구현하는 방법론을 개발했다. 이를 상용화해서 디지캐시(DigiCash)사를 설립하고 전자 화폐인 '이캐시(eCash)'를 출시했지만 수년 만에 실패했다. 그 원인 중 하나로 은행 시스템에 대한 의존성이 지목됐다. 비트코인은 이러한 한계를 극복하려는 시도로 준비 자산이나 지급 보증에 의존하지 않는 탈중앙화 방법론을 채택했다(pr4x1, 2024).

암호 기법을 사용하지 않고 금과 같은 자산을 담보로 활용해서 인터넷 거래에 사용할 수 있는 전자 화폐를 발행하려는 시도도 있었다. 디지털 환경에서 결제의 효율성 확보에 초점을 맞춘 이러한 시도는 대부분 은행의 예금 시스템과 동일한 송금 구조에 전자 화폐라는 외형만을 더했다. 고객이 매입한 금을 발행사의 금고에 보관하는 방식으로 계좌에 전자 화폐 잔액을 충전하고, 고객 요청에 의해 계좌 이체 방식으로 제3자에게 전자 화폐를 전송했다. 이골드(e-gold)와 리버티리저브(Liberty Reserve) 등이 대표적 사례였지만 이들은 무인가 송금업(money transmitter business)을 영위하고 자금 세탁에 연루됐다는 이유로 폐쇄되었다(KYC-Chain, 2023).

스테이블코인은 달러화나 금 등을 준거 자산으로 지정하고, 그 시장 가격인 목표 가치에 토큰의 시장 가격을 연동시키는 것을 목적으로 발행된다. USDT(테더)나 USDC 같은 초기 스테이블코인은 이골드나 리버티리저브와 유사한 원리의 송금 구조를 분산 원장 기술로 구현했다. 무(無)에서 유(有)를 창출한 암호 화폐와 차별화를 위해 현금화가 가능한 준비 자산을 확보해서 토큰의 시장 가격을 지지하고 감독 당국의 인가를 받아 불법성 논란을 회피했다. 분산 원장 기술을 이용해서 토큰의 이전을 비실명으로 처리하되 거래 내역을 모두 공개하기 때문에 지갑 단위로 높은 수준의 투명성을 확보할 수 있다(sanctions.io Editorial Team, 2024).

가격 안정화 메커니즘의 다양화

스테이블코인은 탈중앙화 네트워크의 기술적 혁신과 기존 전자 화폐 모델의 제도적 교훈이 결합해 탄생한 결과물이다. 분산 원장 기술이 제공하는 개방성과 투명성을 활용하고 과거의 시도가 실패한 이유를 보완함으로써 가상자산 생태계와 전통 금융 시스템을 연결하는 핵심 도구가 되었다. 단순히 변동성을 완화한 암호 화폐가 아니라 법정 화폐에 버금가는 역할을 수행하는 새로운 형태의 디지털 자산으로 진화한 것이다.

스테이블코인은 예금을 토큰화한 디지캐시와 순수 민간화폐인 비트코인, 그리고 자산 토큰화의 토대를 구축한 이더리움의 비전과 기술이 결합된 비선형적 혁신을 통해 진화했다. 안정성을 추구한 법정 화폐 담보에서 탈중앙화를 강조한 암호 자산 담보로, 그리고 높은 자본 효율성을 추구하기 위해 담보의 필요성 자체를 제거하기까지 창의적 개발자들의 대담한 시도가 도전과 혁신의 상호 작용을 통해 다층적으로 얽히고설킨 결과물이다(DeSpread Research, 2024).

자산 담보 스테이블코인의 구조는 이골드나 리버티리저브와 본질적으로 동일하다. 토큰의 상환에 사용할 준비 자산을 담보로 확보해서 토큰의 시장 가격이 목표 가치보다 하락하는 것을 방지한다. 발행사가 준비 자산을 직접 보유하거나 제3자에게 수탁하고 토큰을 발행하며, 토큰 소유자가 상환을 요구하면 준거 자산 혹은 그 시장 가치에 해당하는 법정 화폐로 교환해 준다. 준거 자산 이외의 자산을 준비 자산으로 보유한 경우 이를 매각해서 준거 자산을 매입하는 방식으로 상환 요구에 응할 수도 있다. 법정 화폐가 준거 자산인 법정 화폐 담보 스테이블코인은 현금,

예금 및 그 등가물을 준비 자산으로 확보하는 것이 일반적이다.

탈중앙화를 중시하는 일부 개발자들은 법정 화폐 담보 스테이블코인이 중앙화의 문제를 해결할 수 없다고 생각했다(Buterin, 2014). 이들은 다양한 시도 끝에 달러화 같은 안전 자산을 준거 자산으로 지정하면서 가격 변동성이 큰 암호 화폐를 준비 자산으로 활용하는 새로운 방법론을 개발했다. 암호 자산 담보 스테이블코인은 준비 자산의 시장 가치가 일정 수준 아래로 떨어지면 이를 강제로 매각해서 목표 가치로 토큰을 상환하는 방식으로 토큰의 시장 가격 하락을 방지한다.

스테이블코인 발행사가 준비 자산을 확보하려면 상당한 자본의 투입이 불가피하기 때문에 자본 효율성 증대를 위해 준비 자산을 확보하지 않고 가격을 안정화하는 방법론도 개발됐다. 알고리드믹 스테이블코인은 시장 상황에 따라 스마트 콘트랙트가 토큰의 공급량을 조절한다. 토큰의 시장 가격이 목표 가치 아래로 하락하면 토큰을 시가로 매입해서 소각하고, 반대의 경우 토큰을 추가로 발행해서 목표 가치로 매각하는 알고리즘을 자동적으로 실행하는 방식이다. 이론적으로는 완전한 탈중앙화와 높은 자본 효율성을 기대할 수 있지만 실제로는 급격한 시장 변동성에 대응하지 못해 가격이 폭락한 사례가 반복되기도 했다.

스테이블코인의 미래와 발전 과제

스테이블코인의 기술적 진화와 함께 제도화에 대한 관심도 높아졌다. 발행사와 개발자들이 기술적 성숙과 투명성 제고를 통해 법규 준수 환경을 개선하면서 빠른 채택과 시장 성장으로 이어졌다. 오늘날 스테이블코인은 경제, 기술, 규제 측면의 다양한 요인이 복합적으로 얽힌 환경 속에서 대출, 차입, 결제 등 다양한 금융 활동을 지원하는 디파이 생태계의 핵심 요소로 자리 잡았다. 기술 발전과 규제 당국의 통찰, 시장의 수용성이 결합해 전통 금융과의 경계를 허물고 개인과 기업이 화폐를 인식하고 이용하는 방식을 근본적으로 변화시키고 있다. 스테이블코인이 더욱 견고하고 신뢰할 수 있는 지급 수단으로 자리 잡기 위해서는 다양한 이해관계자가 현재의 상황을 냉철하게 진단하고 규제 불확실성과 거버넌스 및 투명성 문제, 기술적 취약성과 보안 위험, 시장 역학과 유동성 리스크 등의 핵심 과제에 체계적으로 대응해야 한다(Financial Stability Board, 2020).

특히 규제의 불확실성은 가장 크고 지속적인 도전 과제다. 스테이블코인 사용이 빠르게 확산하면서 유럽 연합과 미국 등 일부 지역에서 제도 정비가 진전되고 있지만 다수 국가에서는 아직도 스테이블코인을 포함한 디지털 자산의 전반적인 법적 지위가 모호한 상태다. 법적 분류 기준과 적용 규정의 일관성을 확보해서 분산 원장 기술 기반 프로젝트의 신뢰성을 제고하고 시장 심리를 안정시키지 못하면 스테이블코인의 미래가 불확실해질 수밖에 없다(Carney, 2018).

기술적 취약성도 중요한 위험 요인이다. 스마트 콘트랙트 설계나 프로그래밍 오류, 사이버 공격 등의 외부 위협이 디파이 시장은 물론 전통 금융 시스템에까지 연쇄적 충격을 유발해서 시장 신뢰를 크게 훼손할 수 있다. 일관된 프로토콜과 견고한 기술 구현은 물론이고 다층적 점검과 보안 감사, 시장 상황의 급변에 대한 비상 대응 절차 확립 등을 통해 기술 및 운영의 방어선을 체계화하고 안전장치를 확립해야 한다.

스테이블코인의 보편적 수용을 촉진하기 위해서는 전통 금융 시장의 결제 처리 흐름, 국경 간 거래, 최종 정산 구조를 근본적으로 재설계해서 분산 원장 기술과 기존의 기술 하부 구조를 온전히 통합해야 한다. 기존 금융 하부 구조와의 유기적 통합을 위해 결제의 처리뿐 아니라 고객 확인(KYC) 및 자금 세탁 방지(AML)를 비롯한 각종 규제 준수와 준비 자산 수탁 및 회계 기준 등 다층적 요건을 충족하는 과정의 표준화를 통해 상호 운용성과 시장 채택 속도를 높여야 한다(KPMG, 2025).

다양한 도전 과제를 해결해야 할 상황이지만 지금도 스테이블코인 생태계는 꾸준히 확장되고 있다. 안정성과 탈중앙화가 대립되는 개념이 아니라 설계 방식과 운영 역량에 따라 조율 가능한 요소라는 인식이 확산하면서 새로운 제품과 서비스의 실험과 개선이 활발히 이루어지고 있다. 또한 스테이블코인은 이미 글로벌 금융 하부 구조의 핵심 구성 요소이자 미래 금융 질서 구축을 견인하는 혁신의 동력으로 자리 잡았다. 각국 정책 당국의 이해도가 깊어지면서 일관된 글로벌 규제 프레임워크의 형성 가능성도 높아지고 있다. 디지털 혁신을 수용하는 규제 프레임워크의 성숙과 더불어 과감한 혁신과 견고한 위험 관리 사이의 균형이 향후 발전을 이끄는 핵심 변수다.

참고문헌

이건호(2022). 『코인의 과거, 현재, 미래』. 커뮤니케이션북스.

Buterin, V.(2014.12). Ethereum: A next-generation smart contract and decentralized application platform. Ethereum White Paper.
https://ethereum.org/content/whitepaper/whitepaper-pdf/

Ethereum_Whitepaper_-_Buterin_2014.pdf
Carney, M.(2018.3.2). The future of money. Speech given at the Inaugural Scottish Economics Conference, Edinburgh University. Bank of England. https://www.bis.org/review/r180323a.pdf
DeSpread Research(2024.10.7). The evolution of stablecoins: New opportunities and challenges. https://research.despread.io/stablecoin-evolution/
Financial Stability Board(2020). Regulation, supervision and oversight of 'global stablecoin' arrangements. Final Report and High-Level Recommendations. Basel: Financial Stability Board. https://www.fsb.org/2020/10/regulation-supervision-and-oversight-of-global-stablecoin-arrangements/
KPMG(2025.7). Stablecoins: The bridge between traditional finance and digital assets. https://kpmg.com/kpmg-us/content/dam/kpmg/pdf/2025/stablecoins-kpmg.pdf
KYC-Chain(2023.3). Liberty reserve: The digital currency that laundered millions. KYC-Chain Blog. https://kyc-chain.com/liberty-reserve-the-digital-currency-that-laundered-millions/
Nakamoto, S.(2008.10.31). Bitcoin: A Peer-to-peer electronic cash system. https://bitcoin.org/bitcoin.pdf
pr4x1(2024.12.15). The rise and fall of eCash: The vision of David Chaum and lessons learned. *Binance Square*. https://www.binance.com/en/square/post/17590961863353
sanctions.io Editorial Team(2024.12.9). Navigating AML

compliance risk in the stablecoins space.
https://www.sanctions.io/blog/aml-compliance-risk-in-the-stablecoins-space

03

법정 화폐 담보 스테이블코인

발행사의 상환 능력에 대한 일반 대중의 신뢰가 무너지면 급속히 디페깅이 진행되어 전통 금융 시장의 뱅크 런과 유사한 코인 런이 발생할 수 있다. 토큰의 발행 및 상환 시스템과 함께 담보 자산의 투명하고 안정적인 관리가 법정 화폐 담보 스테이블코인의 핵심 요소다.

개요 및 메커니즘

스테이블코인은 금과 같은 특정 자산이나 달러화, 유로화, 엔화 등 특정 국가 혹은 지역에서 사용되고 있는 통화를 준거 자산으로 명시한 토큰 형태로 발행된다. '금 1트로이온스'와 같이 준거 자산의 기본 거래 단위를 사용해서 그 시장 가격을 토큰의 목표 가치로 설정하며, 준거 자산이 달러화 등 특정 국가의 법정 화폐인 경우 그 명목 가치를 목표 가치로 사용한다. 이처럼 발행된 토큰의 시장 가격을 준거 자산의 시장 가격에 연동시켜 관리하는 것을 페그(peg), 페그를 유지하는 구체적인 방법론을 안정화 메커니즘이라 한다.

자산 담보(asset-backed) 스테이블코인은 언제라도 토큰 보유자가 요구하면 목표 가치에 해당하는 준거 자산 혹은 법정 화폐로 상환할 수 있도록 충분한 준비 자산을 보유한다. 자산 '담보' 스테이블코인이라는 명칭은 준비 자산의 용도가 상환 의무의 이행을 위한 담보임을 강조하는 의미다. 준비 자산에 의존하는 안정화 메커니즘의 주된 목적은 토큰의 내재 가치를 목표 가치 이상으로 유지하는 것이지만 준비 자산을 반드시 준거 자산으로 확보할 필요는 없다. 다만 담보의 역할을 제대로 수행할 수 있도록 준비 자산을 신속하게 준거 자산으로 변환할 수 있어야 한다.

달러화 같은 법정 화폐를 준거 자산으로 지정한 법정 화폐 담보(fiat-backed) 스테이블코인은 준비 자산에 현금 이외에 예금이나 단기 국채 등 매각 등을 통해 현금화가 가능한 자산을 포함시키는 것이 일반적이다. 정상적인 시장 환경에서는 토큰의 상환 요구가 발행량의 극히 일부에 불과하기 때문에 일부 발행사는 수익성 추구를 위해 회사채나 상업 어음 같은 위험 자산을 준비 자산의 일부로 보유하기도 한다. 이 경우 준비 자산의 유동성이나 안정성이 훼손될 위험이 있다(President's Working Group on Financial Markets et al., 2021).

법정 화폐 담보 스테이블코인은 발행사의 부채이며, 경제적 측면에서 은행이 현금과 대출을 준비 자산으로 해서 발행한 예금과 유사하다. 2중 화폐 제도하에서는 다수의 은행이 각기 자신의 고객을 대상으로 예금을 발행하고 준비 자산을 관리하면서 은행과 중앙은행이 공유하는 배타적 커뮤니케이션 채널을 통해 예금의 소유권 이전을 실행한다. 법정 화폐 스테이블코인도 기본 원리는 동일하지만 발행사 혹은 그 위임을 받은 자가 준비 자산을 관리하고 분산화 네트워크가 토큰의 발행과 소유권 이전을 관리한다는 점에 차이가 있을 뿐이다(Coste, 2024). 기술적 측면을 제외하면 이골드나 리버티리저브 같은 초기 전자 화폐와도 매우 유사하다.

은행은 예금에 이자를 지불하기 위해 자산 대부분을 대출과 유가 증권 등 수익 자산에 투자한다. 마찬가지로 법정 화폐 기반 스테이블코인 발행사도 준비 자산의 상당 부분을 수익 자산에 투자하는 것이 불가피하다. 토큰 보유자에게 이자를 지불하지 않아도 영속 기업으로서 존속을 확보하려면 준비 자산에서 창출되는 수익으로 제반 관리 비용을 충당하고 이익을 창출해야 하기 때문이다(Adrian Mancini-Griffoli, 2019).

예금의 경우 건전성 감독 기구가 개별 은행의 예금 상환 능력을 엄격히 감시하는 한편 중앙은행이 지급 준비금 관리와 최종 대부자 기능을 통해 유동성을 뒷받침한다. 그러나 법정 화폐 담보 스테이블코인은 발행사가 준비 자산의 건전성과 유동성을 독자적으로 해결해야 한다. 따라서 발행사가 토큰 보유자의 상환 요구에 즉시 응할 수 있도록 과도한 리스크를 부담하는 수익 자산에 투자하지 않는 것이 중요하다. 법정 화폐 담보 스테이블코인의 내재 가치가 준비 자산의 시장 가치를 넘어설 수 없기 때문이다(European Central Bank, 2020).

주요 사례

법정 화폐 담보 스테이블코인 시장에는 다양한 프로젝트가 존재한다. 이들은 각기 다른 운영 전략과 시장 입지를 구축하고 투명성, 규제 준수, 이용 편의성 등을 강조하면서 일반 대중과 규제 당국의 신뢰를 얻고자 노력한다. 국제 결제 은행(Bank for International Settlements, BIS)의 보고서에 따르면 달러 연동 스테이블코인의 시가 총액이 글로벌 스테이블코인 시장에서 압도적 비중을 차지하며, 다른 국가의 법정 화폐에 연동된 스테이블코인의 시가 총액 비중은 미미하다(Aldasoro et al., 2025). 이는 글로벌 디지털 금융 생태계에서 달러의 지배적인 위상을 반영한 것으로 이해된다.

USDT는 최초로 분산 원장 기술을 적용해서 개발된 법정 화폐 담보 스테이블코인이다. 2014년 비트코인 블록체인 기반의 레이어2에 해당하는 옴니(Omni) 프로토콜 기반으로 처음 발행되었고, 이후 이더리움 네트워크의 ERC-20 토큰 형태로 발행되었다. 테더는 출범 당시 발행사 이름이며, 토큰은 달러화에 1:1로 페그되었다. USDT를 디파이 생태계에 유동성을 공급하는 수단으로 활용하는 투자자들이 늘어나면서 이용자 기반이 급속히 확대되었다. 한때 준비 자산 관리의 투명성 및 건전성 등에 대한 논란이 있었으나 감사 보고서 공개 등 개선 조치에 따라 상황이 점차 개선됐다. 2025년 9월 현재 10개 이상의 블록체인 네트워크에서 발행되어 광범위한 접근성을 제공한다(Stablecoin.com, 2025).

시가 총액 기준 두 번째로 큰 규모의 법정 화폐 담보 스테이블코인인 USDC(USD코인)는 서클(Circle)과 코인베이스(Coinbase)가 공동 설립한 센터(Centre) 컨소시엄이 발행한다. 테더와 달리 발행사가 미국 뉴욕주의 인가를 받은 금융 기관이며, 엄격한 규제 준수와 투명성을 핵심 가치로 내세운다. 달러화에 연동된 USDC는 매월 제3자인 회계 법인의 감사를 통해 토큰의 액면 금액 총액에 대한 담보를 준비 자산으로 보유하고 있음을 입증하며, 주로 기관 투자자와 규제 친화적 이용자들이 선호한다(Circle and Coinbase, 2023).

USDT나 USDC보다는 작은 규모지만 트루USD(TrueUSD, TUSD)와 팍소스 스탠다드(Paxos Standard, USDP)도 달러화에 연동된 주요 법정 화폐 담보 스테이블코인이다. TUSD는 제3자가 준비 자산에 대한 실시간 감사를 진행하고 그 결과를 공개한다는 투명성을 특징으로 내세웠고, 준비 자산의 분리 보관 원칙을 준수하기 위해 에스크로(escrow) 계정을 이용한다. 뉴욕주 금융감독청(NYDFS)의 규제하에 다양한 분산 원장 기술 기반 금융 서비스를 제공하는 팍소스 트러스트 컴퍼니(Paxos Trust Company)가 발행하는 USDP도 매월 감사 보고서를 통해 준비 자산의 존재를 증명하며, 전통 금융 시스템과의 연결성을 강점으로 내세운다.

암호 화폐인 XRP를 발행해서 분산 원장 기술 기반 국경 간 결제 시스템 개발을 주도해 온 리플(Ripple)도 달러 연동 법정 화폐 담보 스테이블코인인 RLUSD를 발행한다. 국제 송금 및 결제 시장에서 활용도를 높이기 위해 규제 준수와 기관 채택을 강조하는 리플은 추가적으로 다른 통화에 연동된 법정 화폐 담보 스테이블코인들도 발행할 예정이다(Ripple, 2024).

관련 이슈 및 미래 전망

법정 화폐 담보 스테이블코인의 안정화 메커니즘은 가장 직관적이고 널리 채택된 방법론이다. 토큰의 시장 가격을 목표 가치에 근접한 수준에서 안정적으로 유지해서 극심한 변동성이 일상화된 디지털 생태계 내에서 법정 화폐에 근접한 대용물로서 전통 금융 시스템과의 다리 역할을 수행할 수 있게 해 준다. 발행사나 수탁 기관이 보관하고 있는 준비 자산의 시장 가치가 직접 토큰의 시장 가격을 지지하기 때문에 많은 이용자들이 은행의 예금과 유사한 수준의 안전성을 기대한다.

법정 화폐 담보 스테이블코인 발행사는 언제라도 토큰 보유자가 상환을 요구하면 즉시 준비 자산을 현금화해서 이에 응할 수 있어야 한다. 실제로는 대부분의 토큰 보유자들이 직접 발행사에게 상환을 요구하지 않고 가상 자산을 거래하는 중앙화 거래소(CEX)에서 매각하는 방식으로 토큰을 현금화한다. 따라서 시장의 수급 상황에 따라 실제 토큰의 가격이 목표 가치와 일치하지 않는 현상이 발생하는 것이 일상적이다. 그러나 다수의 거래소에서 토큰의 시장 가격이 목표 가치에 비해 현저히 낮은 수준으로 하락하는 페그의 붕괴 현상이 발생하면 심각한 문제가 될 수 있다. 특히 발행사의 상환 능력에 대한 일반 대중의 신뢰가 무너지면 급속히 디페깅이 진행되어 전통 금융 시장의 뱅크 런(bank run)과 유사한 코인 런(coin run)이 발생할 수 있다(S&P Global, 2023).

토큰의 발행 및 상환 시스템과 함께 담보 자산의 투명하고 안정적인 관리가 법정 화폐 담보 스테이블코인의 핵심 요소다. 페그의 유지가 생존에 직결되는 중요한 문제이기 때문이다. 대부분 발행사가 준비 자산을 직접 관리하는 대신 독립적인 수탁 기관에 보관한다. 또한 준비 자산 구성의 투명성을 확보하고 관리 부실에 대한 우려를 최소화하기 위해 객관적 입장에 있는 제3자에 의한 정기적 감사를 실시해서 유통 중인 토큰의 액면 금액 이상의 준비 자산이 실제로 존재함을 검증하고 그 결과를 공개한다. 이러한 노력에도 불구하고 역사적으로 시장 변동성이 증가하는 시기에는 법정 화폐 담보 스테이블코인의 디페깅이 급속히 진행된 사례가 비교적 빈번하게 발생했다. 법정 화폐 담보 스테이블코인의 미래를 위해 준비 자산 관리 및 상환 절차의 투명성과 유효성을 확보하는 제도적 기반을 확립하는 것이 중요하다.

디지털 금융 생태계가 발전할수록 법정 화폐 담보 스테이블코인이 실질적인 법정 화폐의 역할을 수행하게 될 것이라는 기대가 커지고 있다. 2024년 유럽 연합, 2025년 미국 등 주요 지역 및 국가에서 가상 자산 규제의 틀이 갖춰지면서 특히 법정 화폐 담보 스테이블코인의 법적 지위를 명확히 하고 투자자 보호와 시장 건전성 확보를 위한 규제가 구체화되었다. 디지털 금융 생태계 전반의 발전을 위협하는 가장 큰 요인 중 하나인 규제 불확실성의 상당 부분이 빠르게 해소되어 가고 있다.

참고문헌

Adrian, T. & Mancini-Griffoli, T.(2019). *The rise of digital money*. IMF FinTech Note, No. 19/01. Washington, DC: International Monetary Fund. https://doi.org/10.5089/9781498324908.063

Aldasoro, I., Aquilina, M., Lewrick, U., & Lim, S. H.(2025.7.11). Stablecoin growth-policy challenges and approaches. BIS Bulletin, No. 108. Basel: Bank for International Settlements. https://www.bis.org/publ/bisbull108.pdf

Circle and Coinbase(2023.8.21). Ushering in the next chapter for USDC. Circle Blog. https://www.circle.com/blog/ushering-in-the-next-chapter-for-usdc

Coste, C.-E.(2024). Toss a stablecoin to your banker: Stablecoins' impact on banks' balance sheets and prudential ratios. ECB Occasional Paper Series, No. 353. European Central Bank. https://www.ecb.europa.eu/pub/pdf/scpops/ecb.op353~11120d3428.en.pdf

European Central Bank(2020.9). Stablecoins: Implications for monetary policy, financial stability, market infrastructure and payments, and banking supervision in the euro area. ECB Occasional Paper Series, No. 247. https://www.econstor.eu/handle/10419/234488

President's Working Group on Financial Markets, Federal Deposit Insurance Corporation, & Office of the Comptroller of the Currency(2021.11). Report on stablecoins. U.S. Department of the Treasury.

https://home.treasury.gov/system/files/136/StableCoinReport_Nov1_508.pdf
Ripple(2024.10.15). Ripple announces Ripple USD(RLUSD) exchange partners for global distribution. Ripple Press Release.
https://ripple.com/ripple-press/ripple-announces-ripple-usd-exchange-partners-for-global-distribution/
S&P Global(2023.9). Stablecoins: A deep dive into valuation and depegging.
https://www.spglobal.com/content/dam/spglobal/corporate/en/images/general/special-editorial/rl_stablecoins.pdf
Stablecoin.com(2025). Tether: USDT·Largest stablecoin by market cap. https://Stablecoin.com/tether/

04

암호 화폐 담보 스테이블코인

암호 화폐 담보 스테이블코인은 송금 및 결제뿐만 아니라 준비 자산 관리와 토큰을 새로 발행하고 상환하는 전 과정을 관리하는 안정화 메커니즘을 모두 탈중앙화했다. 토큰의 시장 가격과 목표 가치의 상대적 관계에 따라 스마트 콘트랙트가 직접 시장에서 토큰의 수요와 공급을 조정한다.

개요 및 메커니즘

스테이블코인은 분산 원장 기술을 이용해 송금 및 결제를 처리한다. 하지만 법정 화폐 담보 스테이블코인의 경우 발행에서 상환에 이르는 전 과정을 탈중앙화하는 것은 불가능하다. 발행사 혹은 그 위탁을 받은 자가 토큰의 발행과 상환, 그리고 준비 자산의 관리를 전담하기 때문이다.

암호 화폐 담보 스테이블코인은 송금 및 결제뿐만 아니라 준비 자산 관리와 토큰을 새로 발행하고 상환하는 전 과정을 관리하는 안정화 메커니즘을 모두 탈중앙화했다. 토큰의 시장 가격과 목표 가치의 상대적 관계에 따라 스마트 콘트랙트가 중개자의 개입 없이 직접 시장에서 토큰의 수요와 공급을 조정하는 방식이다. 구체적인 안정화 메커니즘은 프로토콜에 따라 차이가 있지만 현재 가장 큰 시가총액을 유지하고 있는 다이(DAI)와 유사한 구조를 채택한 경우가 많다.

다이는 이더리움 네트워크를 기반으로 활동하는 탈중앙화 조직인 메이커다오(MakerDAO)가 프로토콜 운영을 담당한다. 개인 및 기관이 이더리움(ETH) 같은 암호 화폐를 CDP(Collateralized Debt Positions) 혹은 볼트(Vault)라는 인터페이스를 이용해서 준비 자산으로 예치하고 다이 토큰을 발행한다. 담보 대출을 의미하는 CDP라는 명칭을 사용하는 것은 다이의 발행이 암호 화폐를 담보로 달러화 대출을 받는 것과 유사하기 때문이다. 초기에는 준비 자산으로 이더리움만을 사용할 수 있었지만 지금은 다양한 암호 화폐와 대체 불가 토큰(NFT) 및 RWA 토큰 등도 사용할 수 있다(이건호, 2022).

목표 가치가 법정 화폐인 미화 1달러로 설정된 다이의 시장 가격을 가격 변동성이 큰 암호 화폐로 구성된 준비 자산으로 지지하는 것은 쉽지 않다. 이 때문에 발행 가능한 다이의 총량을 준비 자산의 일정 비율 이하로 제한하는 초과 담보(over-collateralization) 원칙을 적용한다. 준비 자산인 암호 화폐의 시장 가격이 하락해서 준비 자산의 가치가 목표 가치 아래로 떨어지는 것을 방지하기 위함이다. 예를 들어 150% 담보 비율을 적용하면 시장 가치 150달러에 해당하는 암호 화폐를 예치하고 최대 100개의 다이 토큰만을 발행할 수 있다. 스마트 콘트랙트가 볼트에 예치된 준비 자산을 관리하며, 발행자가 안정화 수수료(Stability Fee)를 지불하고 토큰을 상환하면 이를 돌려준다.

준비 자산 관리의 탈중앙화가 바람직하기만 한 것은 아니다. 토큰 보유자의 입장에서 볼 때 상환을 요구할 대상이 없어 현금이 필요하면 중앙화 거래소(CEX) 등을 통해 매도할 수밖에 없다. 현금화 시점의 수급 상황에 따라 거래소의 토큰 가격이 목표 가치에 미치지 못할 가능성이 있어 평상시 페그의 견고성이 법정 화폐 담보 스테이블코인에 비해 약한 것이 일반적이다.

특히 탈중앙화된 안정화 메커니즘은 준비 자산의 시장 가격이 빠르게 하락할 때 토큰 가격 하락에 대한 완충 효과를 적시에 발휘하지 못할 수 있다. 이 때문에 대부분의 안정화 메커니즘은 담보 가치가 일정 수준 아래로 떨어지면 준비 자산을 강제 청산하고 토큰을 상환한다. 예를 들어 다이 100개를 발행한 볼트의 최저 담보 비율이 130%라면 예치된 암호 화폐의 시장 가치가 130달러 아래로 하락했을 때 스마트 콘트랙트가 준비 자산을 메이커다오 구성원 대상의 경매를 통해 청산하고 100개의 다이를 회수한다. 이에 따라 다이의 유통량이 줄어들면 시장 가격의 하락 압력도 줄어든다.

메이커다오는 2024년 9월 18일 스카이프로토콜(Sky Protocol)로 리브랜딩하고 스테이블코인도 다이 대신 USDS를 발행하기 시작했다(Sky Protocol, 2025). 2025년 9월 현재 시장에는 다이와 USDS가 공존재하는 상태이며, 점차 후자의 비중이 늘어 가고 있다. 양자의 기본 구조는 거의 동일하며, 아직은 대부분의 문헌도 다이를 중심으로 서술되고 있다.

주요 사례

디파이 생태계 내부에는 다이 이외에도 수많은 암호 화폐 담보 스테이블코인 프로젝트들이 존재하며, 각기 다른 방식으로 탈중앙화된 안정성을 추구한다.

신세틱스(Synthetix)는 주식 및 외환 등 다양한 금융 자산과 암호 화폐 가격에 연동된 신스(Synths)라는 합성 자산(synthetic assets)을 생성하고 거래하는 디파이 플랫폼이다. 개인과 기관은 이 플랫폼에서 프로토콜의 내생 토큰인 SNX를 준비 자산으로 예치하고 신세틱스 생태계 내에서 결제 화폐로 사용되는 스테이블코인인 sUSD를 발행할 수 있다. sUSD의 시장 가격은 신세틱스 생태계 전체의 부채 풀에 예치된 준비 자산의 담보 비율에 의해 지지된다. 이러한 구조는 개별 발행자의 담보 비율 변동에 따라 시장의 공급 총량이 변화하는 다이보다 높은 유동성을 확보할 수 있다. 그러나 한편으로 SNX 가격의 급격한 변동이 sUSD의 안정성에 영향을 미칠 수도 있다(Warwick, 2023).

LQTY를 내생 토큰으로 사용하는 디파이 대출 프로토콜인 리퀴티(Liquity)도 암호 화폐 담보 스테이블코인인 LUSD를 발행한다. 메이커다오의 볼트와 유사한 인터페이스인 트로브(trove)에 개인과 기관이 이더리움을 준비 자산으로 예치하고 토큰을 발행한다. 발행자는 일회성의 발행 수수료만 지불하면 되므로 대출 이자와 유사한 방식으로 계산되는 안정화 수수료를 지불하는 다이보다 저렴하게 이용할 수 있다. LUSD 토큰 보유자는 언제든지 토큰을 상환하고 목표 가치인 1달러 상당의 이더리움을 받을 수 있다. 강제 청산 메커니즘은 LUSD를 안정성 풀(Stability Pool)에 예치하면 토큰 보유자들의 담보가 청산될 때 ETH를 보상으로 받는 방식으로 운영된다. 이는 다이의 경매 방식보다 강력하게 페그를 뒷받침해서 시스템의 안정성을 보다 효율적으로 유지할 수 있다(Liquity, 2025).

상당수 디파이 프로토콜은 복수의 암호 화폐를 준비 자산으로 사용하는 다중 담보 방식을 모색하고 있다. 예를 들어 아브라카다브라(Abracadabra.money)는 연볼트(Yearn Vault)의 토큰인 yvUSDC와 yvDAI, 스시스왑(SushiSwap)의 스테이킹 토큰인 xSUSHI 등 다양한 이자 수익형 토큰과 디파이의 주요 가상 자산인 ETH, WBTC, SPELL 등 복수의 자산을 담보로 스테이블코인인 MIM(Magic Internet Money)을 발행하는 구조를 지원한다(Gemini.com, 2023). 이런 다각화 전략은 단일 준비 자산의 가격 변동에 따른 위험을 완화할 수 있지만 안정화 메커니즘이 원활하게 작동하려면 상당한 기술적 어려움을 극복해야 한다.

도전 과제

퍼블릭 블록체인을 기반으로 발행된 암호 화폐 담보 스테이블코인이 디파이 시장 내부에서 입지를 강화할 수 있었던 것은 다음과 같은 요인에 힘입은 바가 크다.

첫째, 탈중앙화를 추구해서 중개 기관에 대한 신뢰에 의존하지 않고 운영된다. 스마트 콘트랙트가 프로토콜의 규칙을 충실히 실행하는 투명한 환경은 거래 상대방 리스크(counterparty risk)를 최소화할 수 있다. 둘째, 암호 화폐와 인터넷 접근성만 확보하면 누구나 언제든지 이용할 수 있어 기존 금융 시스템이 미비하거나 제한적인 지역을 포괄하는 포용적 금융 생태계를 구축할 수 있다. 셋째, 스마트 콘트랙트가 처리한 모든 거래와 준비 자산의 관리 내역이 분산 원장에 실시간으로 공개되어 토큰 이용자와 외부 감사자가 플랫폼의 운영 상황과 건전성을 검증할 수 있다. 넷째, 자동화된 알고리즘이 담보 비율을 모니터링하고 즉시 청산 등을 실행해서 준비 자산의 가치 하락에 관련된 위험을 효과적으로 관리할 수 있다.

기술 혁신의 산물인 이런 강점들이 오히려 암호 화폐

담보 스테이블코인의 미래를 불안하게 만드는 장애물이 될 수도 있다. 우선 준비 자산의 시장 가격 급락에 대비해서 초과 담보에 의존하는 안정화 메커니즘이 발행사의 과다한 자본 비용 부담을 초래한다. 이로 인해 투기적 목적의 투자자가 아니면 토큰의 발행 유인을 찾기 어렵다(D'Souza et al., 2022). 이미 보유하고 있는 암호 화폐의 높은 변동성을 회피할 목적이 아니라 가격 상승을 기대하고 암호 화폐 담보 스테이블코인을 발행해 암호 화폐의 투자 포지션을 확대하는 투기 목적의 레버리지(leverage) 활용이 대표적 사례다. 자본 비효율성이 시장의 투기적 행태를 보다 심화하는 것을 억제할 제도적 장치가 필요하다.

안정화 메커니즘을 전적으로 스마트 콘트랙트에 의존하기 때문에 코드의 취약점과 같은 위험을 관리하는 문제가 매우 중요하다. 코드의 버그나 해킹 가능성 등 기술적 문제뿐만 아니라 외부의 주요 정보를 스마트 콘트랙트에 전달하는 오라클(oracle)에 관련된 위험을 특별히 유념할 필요가 있다. 오라클이 외부 공격이나 정보 소스의 오류 등에 노출되는 경우 안정화 메커니즘에 영향을 미쳐 페그가 불안정해지거나 부당한 담보의 청산이 촉발되는 상황 등이 발생할 수 있다(Gudgeon et al., 2020).

분산 원장 네트워크의 혼잡이나 준비 자산인 암호 화폐

의 시장 유동성 부족 등도 청산을 위한 거래의 처리를 지연시켜 페그의 안정성에 영향을 미칠 수 있다는 점도 깊이 유념할 필요가 있다. 특히 급격한 준비 자산의 시장 가격 변동은 암호 화폐 담보 스테이블코인의 안정화 메커니즘이 페그를 유지하기 위해 적시에 담보를 청산하기 어렵게 만들 수 있다. 이런 문제를 방지하기 위해서는 원활한 상환 및 청산을 보장할 수 있도록 지속적으로 시장 하부 구조와 프로토콜을 개선해 나가야 한다.

참고문헌

이건호(2022). 『코인의 과거, 현재, 미래』. 커뮤니케이션북스.

D'Souza, S., Johnson, A., Kofman, D., & Papageorgiou, K.(2022). Over-collateralisation in DeFi: Risk management or capital inefficiency?. Bank of England Staff Working Paper. Bank of England.

Gemini.com(2023). Magic Internet Money(MIM): A Yield-Bearing stablecoin. https://www.gemini.com/cryptopedia/magic-internet-money-mim-crypto-abracadabra-money

Gudgeon, L., Perez, D., Harz, D., Livshits, B., & Gervais, A.(2020). The decentralized financial crisis: Attacking DeFi. In *Proceedings of the 3rd crypto valley conference on Blockchain technology*(CVCBT 2020). arXiv:2002.08099. https://doi.org/10.48550/arXiv.2002.08099

Liquity(2025). Official Liquity documentation (V1). Liquity Docs.

Accessed September 28, 2025.
https://docs.liquity.org/liquity-v1

Sky Protocol(2025). The sky protocol: Sky's multi-collateral Dai(MCD) system.
https://makerdao.com/en/whitepaper/[MakerDAO의 리브랜딩에 따라 Maker Protocol White Paper 사이트(https://makerdao.com/en/whitepaper/)도 2025년 9월 현재 이 문헌으로 대체되어 있다.]

Warwick, K.(2023). What is Synthetix and how does it work?.
https://www.gemini.com/cryptopedia/synthetix

05

알고리드믹 스테이블코인

알고리드믹 스테이블코인은 준비 자산 없이 토큰의 시장 공급을 조절하는 알고리즘에 전적으로 의존해서 스마트 콘트랙트가 페그를 유지한다. 대부분 디파이 생태계 내에 충분한 수요가 확보된 달러 스테이블코인으로 발행되며, 디파이의 핵심 가치인 탈중앙화를 내세워 이용자 기반을 확보하는 전략을 추구한다.

의의, 메커니즘 및 주요 사례

알고리드믹(algorithmic) 스테이블코인은 가장 혁신적이면서도 논란의 여지가 많은 모형이다. 준비 자산을 확보하지 않은 상태에서 토큰의 시장 공급을 조절하는 알고리즘에 전적으로 의존해서 스마트 콘트랙트가 페그를 유지하기 때문이다. 하지만 발행사가 준비 자산을 직접 확보할 필요가 없기 때문에 자본 효율성이 높다는 것은 매우 큰 강점이다. 대부분 알고리드믹 스테이블코인은 디파이 생태계 내에 충분한 수요가 확보된 달러 스테이블코인으로 발행되며, 디파이의 핵심 가치인 탈중앙화를 내세워 이용자 기반을 확보하는 전략을 추구한다(Hafner et al., 2023).

알고리드믹 스테이블코인의 안정화 메커니즘은 토큰의 시장 가격이 목표 가치보다 상승하면 공급을 늘려 가격 하락을 유도하고, 반대로 목표 가치보다 하락하면 공급을 줄여 가격 상승을 유도한다. 구체적인 작동 방식은 프로토콜에 따라 크게 달라진다.

리베이스(Rebase) 모델은 토큰의 소유권을 기록해서 관리하는 스마트 콘트랙트가 직접 시장 가격과 목표 가치의 관계에 따라 개별 이용자의 지갑 잔액을 조정한다. 암플포스(Ampleforth, AMPL)가 대표적 사례로, 24시간마다 한 번 리베이스가 가능하며 오라클 가격 데이터를 기반으로 이용자가 트리거한다. 토큰 콘트랙트가 내부의 조정 비율(scaling factor)을 변경하는 방식으로 개별 지갑의 잔액을 변경한 리베이싱 효과를 발생시킨다. 조정 비율은 총공급량을 목표치에 맞추기 위한 계수로서 오라클이 제공하는 거래량 가중 평균가를 기반으로 계산된다. 각 지갑에는 이 비율을 반영한 값이 잔액으로 표시된다. 토큰의 시장 가격이 1달러보다 높으면 조정 비율을 상승시켜 공급 확대 효과에 따른 가격 하락을 유도한다. 반대로 시장 가격이 1달러보다 낮으면 조정 비율을 낮춰서 공급 축소 효과로 가격 상승을 유도한다(Kuo et al., 2019).

시뇨리지(seigniorage) 또는 이중 토큰 모델은 목표 가치에 시장 가격을 연동시킨 스테이블코인 토큰과 더불어 순수 암호 화폐인 채권 토큰을 발행한다. 채권 토큰은 대부분 네트워크나 프로토콜의 내생 토큰 형태로 발행되며, 스테이블코인의 시장 가격 조정을 위한 보조 자산으로 활용된다. '채권' 토큰이라는 명칭은 중앙은행이 국채를 활용해서 통화량을 조절하는 것처럼 스마트 콘트랙트가 이를 이용해서 스테이블코인의 공급량을 조정함으로써 시장 가격 변동을 유도한다는 것을 시사한다. 스마트 콘트랙트는 별도의 준비 자산을 보유하고 있지 않기 때문에 프로토콜 내부에서 발행한 채권 토큰을 지급하는 구조다.

예를 들어 스테이블코인 토큰의 시장 가격이 1달러 아래로 떨어지면 스마트 콘트랙트가 토큰을 목표 가치인 1달러에 매입해서 소각한다. 이에 따라 시장에서 유통되는 토큰의 총량이 줄어들면 자연스럽게 시장 가격이 상승하게 된다. 반대로 시장 가격이 목표 가치보다 높은 경우 스마트 콘트랙트가 토큰을 추가로 발행해서 목표 가치인 1달러 상당의 채권 토큰과 교환하는 방식으로 시장에 매각한다. 이에 따라 시장에서 유통되는 토큰의 총량이 늘어나면 시장 가격이 하락하게 된다(Zhao et al., 2021).

시뇨리지 모델은 투자자들이 토큰을 시장 가격보다 비싸게 매도하거나 시장 가격보다 싸게 매입하는 수단으로 채권 토큰을 활용한다. 투자자들에게 알고리즘의 매매에 응할 유인을 제공해서 안정적으로 페그를 유지할 수 있다. 그러나 실제 시장에서는 이 모델의 실패 사례가 반복되었다. 베이시스캐시(Basis Cash)는 채권 코인 이외에 지분에 해당하는 주식 토큰까지 활용하는 3중 토큰 모형을 선보였지만 출범 후 단기간 만에 실패했다. 테라는 네트워크의 내생 토큰인 루나(Luna)를 채권 토큰으로 활용한 이중 토큰 모델의 UST를 발행했지만 급격한 디페깅으로 인해 디파이 생태계 전체의 존립을 위협하는 큰 실패를

경험했다.

알고리드믹 스테이블코인의 위험성

디파이 생태계의 투자자들이 보다 익숙한 환경에서 투자할 수 있게 해 준다는 것은 스테이블코인의 큰 강점이다. 무엇보다 상당수 투자자가 달러를 계산의 단위로 사용한다. A코인 100개에 투자해서 1년 만에 B코인 200개를 회수하는 것보다 1만 달러를 투자해서 1.5만 달러의 원리금을 회수하는 것이 더 이해하기 쉽기 때문이다. 이 때문에 많은 디파이 프로토콜이 암호 화폐를 스테이블코인으로 교환해서 투자하는 방식의 예치 서비스를 제공한다. 탈중앙화 거래소에서 암호 화폐를 교환하면 실제 지급한 수수료나 슬리피지 등을 쉽게 파악하기 힘들지만 스테이블코인을 사용하면 불편함을 크게 덜 수 있다. 많은 디파이 플랫폼들이 투자자들에게 이런 이점을 제공하면서도 추가로 자본을 부담할 필요가 없는 알고리드믹 스테이블코인에 주목한다(Moin et al., 2019).

알고리드믹 스테이블코인의 가장 큰 문제점은 시장이 균형 상태를 크게 벗어나지 않는 범위 내에서만 안정화 메커니즘이 제대로 작동할 수 있다는 것이다. 시장 충격 등으로 시장 가격과 목표 가치의 괴리가 급속히 확대되면 수요와 공급의 균형이 붕괴되어 페그 유지가 어려워질 수 있다. 법정 화폐 담보 스테이블코인은 일시적으로 시장 가격이 크게 하락해도 준비 자산의 매각을 통해 점진적으로 페그를 회복할 수 있다. 암호 화폐 담보 스테이블코인도 불완전하지만 어느 정도는 이런 효과를 기대할 수 있다. 그러나 알고리드믹 스테이블코인은 이런 회복력을 기대하기 어렵다. 준비 자산이 없기 때문에 토큰 가격 하락이 회복을 기대한 투기적 수요를 자극하기보다 손실 최소화를 위한 투매를 촉발할 개연성이 크기 때문이다 (Klages-Mundt et al., 2020). 리베이스 모델은 물론이고 시뇨리지 모델도 채권 토큰 가격을 지지할 외적 요인의 뒷받침이 없으면 스테이블코인과 채권 토큰의 가격이 동시에 하락하면서 디페깅이 가속화될 수 있다.

2022년 5월에 발생한 테라-루나 사태는 알고리드믹 스테이블코인의 구조적 취약점을 적나라하게 드러내며 디지털 자산 생태계 전체에 심대한 충격을 주었다. 테라는 UST를 발행하고 네트워크 내생 코인인 루나를 채권 토큰으로 사용했다. 차익 거래자들은 UST의 시장 가격이 1달러보다 높으면 시장에서 루나를 매입한 후 테라스테이션(TerraStation)에서 UST로 교환하고, 반대로 UST의 시장 가격이 1달러 이하로 떨어지면 시장에서 매입한 UST를 테라스테이션에서 1달러 상당의 루나로 교환했다. 테라는 상당한 이용자 기반을 확보한 네트워크였기 때문에 차익 거래자들의 활발한 참여가 UST의 공급을 조절해서 시장 가격을 안정적으로 지지할 수 있을 것으로 기대되었다. 한동안 잘 작동하는 것처럼 보였던 안정화 알고리즘의 문제가 시장의 스트레스 상황에서 드러났다.

2022년 5월 초 암호 화폐 시장의 전반적인 하락세 속에 UST의 대규모 매도가 발생했다. 시장 가격이 빠른 속도로 하락하자 UST 보유자들이 손실을 최소화하기 위해 루나와의 교환을 시도했다. 이를 충족시키기 위해 네트워크가 루나를 대량으로 발행하면서 그 시장 가격도 폭락했다. 이에 루나와 UST의 시장 가격이 동반 하락의 상승 효과를 일으키면서 UST와 루나가 사실상 모든 가치를 상실하게 되었다. 이는 스테이블코인 시장 전반에 대한 규제 논의를 가속화하는 계기가 되었다(International Monetary Fund, 2022).

하이브리드 모델로의 진화

준비 자산의 안정성과 자본 효율성을 결합한 하이브리드 스테이블코인도 개발되었다. 이들은 대부분 시장 상황의 급변에 대비해서 준비 자산을 확보하되 부분 담보화를 원칙으로 하는 동적(dynamic) 안정화 메커니즘을 채택한다. 자본 부담을 낮추고 알고리즘을 활용해서 토큰의 공급량을 세밀하게 조정하는 방식으로 토큰의 시장 가격 변화에 대응한다(Briola et al., 2022). 대표적 사례로 2025년 FraxUSD 도입 이전의 프락스(FRAX v1)를 들 수 있다.

프락스의 안정화 메커니즘은 안정성이 높은 USDC를 준비 자산으로 활용하되 스마트 콘트랙트가 시장 상황에 따라 USDC의 담보 비율을 동적으로 변경하는 방식으로 작동했다. 채권 토큰으로는 프로토콜의 거버넌스 토큰인 FXS(Frax Shares)를 활용했다(Frax Finance, 2020).

FRAX의 목표 가치는 1달러로 설정됐다. 담보 비율이 80%라면 1 FRAX를 발행할 때 USDC 0.80달러를 준비 자산으로 예치하고 0.20달러 상당의 FXS를 시장에서 매입해서 소각해야 했다. 토큰 보유자가 1 FRAX를 상환하면 스마트 콘트랙트가 0.20달러 상당의 FXS를 새로 발행해서 0.80달러 상당의 USDC와 함께 지급했다. FRAX의 시장 가격이 1달러보다 높으면 주조 이익, 낮으면 상환 이익 기회를 제공해 차익 거래에 의한 공급량 조절을 유도하려는 것이다.

USDC와 FXS의 예치 및 상환 수량은 시가 기준으로 결정되었다. 담보 비율의 변경은 달러로 환산된 발행 및 상환 금액을 변화시키지 않지만 안전 자산 성격의 USDC 비중 변화가 투자 심리에 간접 영향을 미칠 것으로 기대되었다. 예를 들어 USDC의 시장 가격이 0.99달러일 때 담보 비율 80%로 1 FRAX를 발행하려면 0.808 USDC를 예치해야 한다. USDC 시장 가격이 1달러를 회복하면 1 FRAX당 0.80 USDC를 돌려받는다. 동일한 시장 가격 조건에서 담보 비율이 70%라면 발행 시 0.707 USDC를 예치하고 목표 가치 회복 후 0.7 USDC를 돌려받을 수 있다. 안전 자산 선호 심리로 인해 USDC의 시장 가격이 목표 가치보다 낮을 때 담보 비율을 높이면 FRAX의 공급을 억제하는 간접 효과가 있을 것으로 기대되었다. 1달러를 맞추기 위해 위험 자산인 FXS를 사용하는 것도 안전 자산 선호 심리를 강화하는 요소로 작용할 것으로 예상되었다.

실제로 하이브리드 모델을 안정적으로 운영하는 것은 쉽지 않다. 담보 자산 구성과 시장 심리 등의 복잡한 상호작용으로 인해 예측 불가능한 위험을 내포할 수 있어 시장의 변동성이 급증하는 시기에는 페그를 유지하는 데 큰 어려움을 겪을 가능성이 매우 크다. 이런 이유로 프락스 프로토콜은 2025년 RWA 토큰 등을 준비 자산으로 사용하고 완전 담보 원칙과 알고리즘 기반 시장 조작(AMO)을 결합한 새로운 안정화 메커니즘 기반의 FraxUSD를 발행하고 기존의 FXS 명칭을 FRAX(Frax Shares)로 변경했다.

참고문헌

Briola, A., Vidal-Tomas, D., Wang, Y., & Aste, T.(2022). Anatomy of a stablecoin's failure: The Terra-Luna case. https://arxiv.org/pdf/2207.13914.pdf

Frax Finance(2020). Frax: A fractional-algorithmic stablecoin protocol. Frax Whitepaper v1. GitHub. https://github.com/FraxFinance/frax-solidity/blob/master/frax_whitepaper_v1.pdf

Hafner, M., Pereira, M. H., Dietl, H., & Beccuti, J.(2023). The four types of stablecoins: A comparative analysis. *Ledger*. https://www.ledgerjournal.org/ojs/ledger/article/view/326

International Monetary Fund(2022). Global financial stability report: Navigating the global fight against inflation. Washington, DC: International Monetary Fund. https://www.imf.org/en/Publications/GFSR/Issues/2022/10/11/global-financial-stability-report-october-2022

Klages-Mundt, A., Harz, D., Gudgeon, L., Liu, J.-Y., & Minca, A.(2020). Stablecoins 2.0: Economic Foundations and Risk-based Models. arXiv:2006.12388[econ.GN]. https://arxiv.org/abs/2006.12388

Kuo, E., Iles, B., & Cruz, M. R.(2019.5.20). Ampleforth: A New Synthetic Commodity. Ampleforth Whitepaper. Ampleforth Foundation. Accessed September 28, 2025. https://api-new.whitepaper.io/documents/pdf?id=H1uqo9Tew

Moin, A., Sekniqi, K., & Sirer, E. G.(2019). A classification framework for stablecoin designs. https://arxiv.org/abs/1910.10098

Zhao, W., Li, H., & Yuan Y.(2021). Understand volatility of algorithmic stablecoin: Modeling, verification and empirical analysis. In Financial Cryptography and Data Security Workshops 2021, LNCS 12676. https://arxiv.org/abs/2101.08423

06

결제 및 송금과 가치 저장 수단

전통 지급 결제 시스템은 복잡한 커뮤니케이션과 중개 기관 간 자금 이체가 필요해 높은 수수료, 거래 지연, 개인 정보 보호 등의 문제에 노출된다. 가상 자산 형태의 스테이블코인은 소유권 이전과 준비 자산 관리를 완전히 분리해서 분산 원장 기술의 장점을 최대한 활용할 수 있다.

결제 및 송금

많은 국가의 지급 결제 시스템이 이미 디지털 경제 환경에서의 결제를 처리하는 데 효율성 측면에서 큰 문제가 없는 수준으로 발전해 있다. 이들 국가의 지급 결제 시스템은 대부분 중앙은행이 은행을 지원해 이체 방식으로 예금을 지급 수단으로 사용할 수 있도록 하는 2중(2-tiered) 화폐 제도를 기반으로 작동한다. 이를 기반으로 다양한 지급 서비스 제공자(Payment Service Provider, PSP)가 신용카드나 전자 화폐(e-money) 등의 지급 수단을 통해 일반 대중의 디지털 지급 결제를 처리한다.

충분한 수준의 현금과 예금 및 단기 국채 등 안전 자산을 준비금으로 확보한 상태에서 발행된 법정 화폐 담보 스테이블코인은 실질적인 법정 화폐의 대용물로 볼 수 있다. 이들은 이미 사이버 공간에서 안정적인 거래의 매개 역할을 수행하고 있지만 암호 자산 담보 및 알고리드믹 스테이블코인은 페그를 안정적으로 유지하는 데 한계가 있어 법정 화폐 대용으로 사용하기 어렵다. 이 장에서의 논의는 법정 화폐 담보 스테이블코인 중심으로 전개한다.

결제 및 송금 수단으로서 스테이블코인의 장점은 대부분 분산 원장 기술에 기인한다. 전통 지급 결제 시스템은 이용자의 지급 요청을 은행 등 특정 중개 기관이나 계층적 구조의 중개 네트워크가 집중화된 방식으로 처리한다. 이 과정에서 복잡한 커뮤니케이션과 중개 기관 간 자금 이체가 필요해 높은 수수료, 거래 지연, 개인 정보 보호 등의 문제에 노출된다.

가상 자산 형태의 스테이블코인은 소유권 이전과 준비 자산 관리를 완전히 분리해서 분산 원장 기술의 장점을 최대한 활용할 수 있다. 토큰의 소유권 이전은 분산 네트워크가 처리하지만 준비 자산은 신속한 현금화가 가능한 상태로 은행이나 신탁 회사가 관리한다. 토큰 보유자도 발행사에 직접 상환을 요구하기보다 특별한 사정이 없는 한 전통 금융 시스템과 연결된 중앙화 거래소 등을 통한 매각 방식으로 현금화한다. 토큰의 소유권 이전만을 처리하는 분산화 네트워크의 노드는 준비 자산의 관리 상태를 확인할 필요가 없기 때문에 작업을 단순화할 수 있다. 이는 운영 비용 절감과 처리 속도 향상으로 이어져 송금 및 결제 시스템의 효율성을 높인다. 2중 화폐 제도 기반의 기존 지급 결제 시스템은 이런 단순화가 불가능하다. 은행 간 및 은행과 중앙은행 간 커뮤니케이션을 통해 예금 잔액을 확인하고 중앙은행 예치금을 이전하는 절차를 거쳐야 하기 때문이다(Arner et al., 2020).

전통 시스템에서는 지급인과 수취인이 서로 다른 국가

의 은행 계좌를 이용할 경우 국경 간 송금에 필요한 복잡한 은행 간 커뮤니케이션과 절차를 거쳐야 한다. 지급인 은행이 수취인 은행에 실제 법정 화폐를 인도하거나 이에 준하는 절차를 거쳐야 결제가 완료되기 때문에 통화 차이로 인한 환전 문제도 발생한다. 따라서 국내 지급보다 국경 간 송금에서 스테이블코인의 저렴한 수수료와 신속한 결제 효과가 훨씬 크게 나타난다.

스테이블코인을 이용하면 국경 간 송금도 국내와 동일한 효율로 처리할 수 있다. 분산 원장 기술을 이용한 토큰의 소유권 이전은 국내와 국외의 구분이 없기 때문이다. 준비 자산의 관리에 대한 시장의 신뢰만 구축되면 대부분 이용자에게 실제로 준비 자산이 국경을 넘어 이동하는 문제가 중요하지 않게 된다. 예를 들어 지급인과 수취인이 모두 USDT나 USDC같이 확고한 이용자 기반을 갖춘 달러 스테이블코인을 결제 수단으로 수용하면 국내 결제와 국경 간 송금의 처리 방식에 실질적 차이가 사라진다. 지급인과 수취인이 자국 통화 결제를 고수하는 경우에도 탈중앙화 거래소(DEX)를 통해 달러 스테이블코인과 각국 통화 스테이블코인을 스왑하는 방식으로 쉽게 문제를 해결할 수 있다.

분산 원장 네트워크를 통한 토큰의 소유권 이전은 효율

성뿐만 아니라 안전성과 프라이버시 측면에서도 기존 지급 결제 시스템의 한계를 극복할 수 있다. 모든 노드가 서로의 백업 역할을 수행해 개별 노드 의존도가 낮기 때문에 큰 비용 부담 없이 은행 시스템에 버금가는 수준의 안정성을 확보하면서도 신속한 결제가 가능하다. 또한 모든 거래 정보가 공개되는 공유 원장을 이용하지만 암호 기법(cryptography)을 활용해서 개인 정보를 보호할 수 있다(Fuze Finance, 2024).

가치 저장 수단으로서의 스테이블코인

전통 화폐 이론에서 설명하는 화폐의 기능 중 '가치 저장'이란 장기간 보유해도 가치가 하락하지 않는다는 것, 즉 구매력 보존을 의미한다. 시간이 지나면 부패나 마모로 가치가 줄어드는 일반 재화와 달리 금처럼 변질되지 않는 속성을 가진 상품(commodity)을 화폐로 사용할 때는 이런 설명이 설득력을 가진다. 그러나 오늘날에는 대부분 국가가 명목 화폐 제도를 채택한 상태에서 인플레이션이 일상화되면서 시간이 흐를수록 법정 화폐의 구매력이 하락하는 것이 당연한 현상이 되었다. 화폐는 명목 가치가 변하지 않는 자산일 뿐, 더 이상 구매력을 보존하는 수단으로 기능하지 못한다.

이러한 점에서 화폐의 본질인 가치 저장 기능을 구매력 보존으로 해석하는 것은 오늘날 대부분의 법정 화폐에 적합하지 못하다. 마찬가지로 스테이블코인의 가치 저장 기능도 보다 신중하게 해석할 필요가 있다. 이론적으로 볼 때 준거 자산을 금과 같은 실물 자산으로 설정한 스테이블코인은 구매력 보존, 즉 인플레이션 헤지가 어느 정도 가능하다. 그러나 개별 국가의 법정 화폐를 준거 자산으로 삼는 스테이블코인은 대부분 구매력 보존을 기대하기 어렵다. 그럼에도 불구하고 많은 사람들이 미국 달러를 준거 자산으로 하는 달러 스테이블코인을 가치 저장 수단으로 인정한다. 달러 역시 장기적으로 인플레이션에 따른 구매력 하락 가능성이 있지만 많은 사람들은 이를 문제 삼지 않는다. 국제적 공통 통화인 달러와의 페그가 유지되는 한 해당 스테이블코인이 가치 저장의 기능을 수행한다고 보는 관점이다(Adrian & Mancini-Griffoli, 2019).

현실적으로 스테이블코인이 가치 저장 수단이라는 것은 시장 가격이 달러의 명목 가치를 크게 벗어나지 않는다는 의미에 지나지 않는다. 일반적으로 달러보다 나은 구매력 보존 수단으로 인정받는 금을 준거 자산으로 하는 스테이블코인은 금 1트로이온스 또는 1그램의 시장 가치를 목표 가격으로 발행된다. 하지만 달러로 표시된 금의 시장 가격은 항상 변동하기 때문에 달러 스테이블코인보다 금 스테이블코인이 큰 시장 가격의 변동성에 노출된다. 전통적 의미의 가치 저장 수단으로는 금 스테이블코인이 보다 나은 선택이 될 수도 있겠지만 실제로는 규제 및 준비 자산의 보관과 청산 구조가 복잡해서 대규모 결제 네트워크로 확장되기에 한계가 있다. 이로 인해 금 스테이블코인은 결제 및 송금보다는 투자와 헤지 수요를 중심으로 거래된다. 테더골드(Tether Gold)와 팍스골드(PAX Gold) 등이 대표적이지만 2025년 9월 현재 전체 스테이블코인 시장에서 차지하는 비중은 약 0.5%에 불과한 매우 작은 틈새시장을 형성하고 있다(Aldasoro et al., 2025).

제도화의 주요 과제

스테이블코인은 결제 및 송금과 가치 저장이라는 두 가지 측면 모두에서 합법적인 금융 하부 구조로 자리 잡을 수 있다. 스테이블코인을 공식적인 지급 결제 수단으로 제도권에 수용하려면 다양한 기술적 및 제도적 과제를 해결해야 하는 것은 당연하지만, 가치 저장 기능을 안정적으로 수행할 수 있는 제도적 여건을 만드는 것도 쉽지 않은 과제다. 기술, 규제, 신뢰라는 세 가지 공통 원칙하에 제도화 전략을 설계할 필요가 있다.

무엇보다 기존의 결제 하부 구조와의 기술 통합이 시급하다. 현재 많은 국가에서 운영되는 결제 시스템의 다수가 배치(batch) 처리 중심으로 운영되기 때문에 분산 원장 기술을 이용해서 사실상 실시간으로 결제를 처리하는 스테이블코인과는 근본적으로 다른 하부 구조에 의존하고 있다. 이러한 하부 구조의 불일치는 단순한 시스템 교체나 업그레이드를 통해 해결하는 것이 쉽지 않다. 따라서 API 호환성 확보, 결제 프로토콜 표준화, 합의 메커니즘 조정 등 여러 단계의 작업을 거쳐 하부 구조를 통합하는 체계적 접근이 필요하다. 특히 국경 간 결제의 경우 각국 메시징 규격과 결제 절차가 달라 추가적 조율이 불가피하다(Financial Stability Board, 2020).

거래의 안정성 확보도 중요한 과제다. 대규모 금융 기관 간 결제나 국경 간 송금에서 결제 절차의 시작 시점과 종료 시점 사이에 미세한 가격 변동이 발생하는 슬리피지(slippage)가 막대한 손실을 초래할 수 있다. 실시간 환율 헤지, 준비 자산 운용의 안정화, 결제 지연을 최소화하는 기술 등을 결합해서 이런 부작용을 방지해야 한다.

높은 투명성과 보안을 제공하는 분산 원장 기술도 네트워크 운영과 스마트 콘트랙트 등에 관련된 취약점을 완전히 제거할 수는 없다. 사이버 공격과 시스템 장애에 대비한 복원력을 강화해서 네트워크의 보안과 신뢰성을 확보해야 한다. 투명한 운영과 정기 감사 체계 등을 확립해서 과거 사기와 해킹 사건 등으로 인해 형성된 가상 자산 시장에 대한 이용자 불신을 해소해야 한다. 이와 더불어 준비 자산 구성과 보관 및 청산 구조의 투명성을 높이며, 정기적인 외부 감사를 의무화해서 안전성과 유동성을 확보해야 한다.

달러 스테이블코인은 명목 가치 안정성은 높지만 장기적인 구매력 보존에 한계가 있고, 금 스테이블코인은 인플레이션 헤지가 가능하지만 가격 변동성이 크다. 이와 같은 스테이블코인의 유형별 특성과 용도를 감안해서 규제와 회계 기준을 확립해야 한다. 또한 장기간 페그를 안정적으로 유지한 실적과 위기 상황에서의 대응 능력을 입증하는 것이 스테이블코인에 대한 신뢰 확보를 위해 매우 중요하다. 발행사의 재무 건전성, 운영 투명성, 규제 준수 여부 등을 정기적으로 공시하고, 회계 및 세무 처리의 기준과 자산 평가 방식 등을 표준화해서 특정 국가나 지역을 넘어 국제적으로 수용될 수 있는 환경을 조성해야 한다.

참고문헌

Adrian, T. & Mancini-Griffoli, T.(2019). *The rise of digital money*. IMF FinTech Note, No. 19/01. Washington, DC: International Monetary Fund. https://doi.org/10.5089/9781498324908.063

Aldasoro, I., Aquilina, M., Lewrick, U., & Lim, S. H.(2025.7.11). Stablecoin growth–policy challenges and approaches. BIS Bulletin, No. 108. Basel: Bank for International Settlements. https://www.bis.org/publ/bisbull108.pdf

Arner, D. W., Auer, R., & Frost, J.(2020). Stablecoins: Risks, potential and regulation. BIS Working Papers, No. 905. Bank for International Settlements. https://www.bis.org/publ/work905.pdf

Financial Stability Board(2020). Regulation, supervision and oversight of 'global stablecoin' arrangements. Final Report and High-Level Recommendations. Basel: Financial Stability Board. https://www.fsb.org/2020/10/regulation-supervision-and-oversight-of-global-stablecoin-arrangements/

Fuze Finance(2024). Top use cases of distributed ledger technology(DLT) in modern payment systems. https://fuze.finance/blog/distributed-ledger-technology-dlt/

07

탈중앙화 금융과 스테이블코인

디파이 생태계의 공용 화폐라는 위상이 확고해지면서 달러 스테이블코인이 개별 플랫폼의 거버넌스 구조뿐 아니라 생태계 전반의 위험 관리에도 영향을 미치고 있다. USDC나 다이처럼 시장 점유율이 높은 달러 스테이블코인들이 개별 디파이 플랫폼의 유동성을 좌우하는 핵심 자산이 되었기 때문이다.

탈중앙화 금융과 스마트 콘트랙트

탈중앙화 금융, 즉 디파이는 중개자인 금융 기관을 거치지 않고 스마트 콘트랙트를 통해 사전에 정해진 규칙에 따라 자동으로 금융 거래를 실행한다. 디파이는 스마트 콘트랙트를 실행할 수 있는 분산 원장 네트워크, 스마트 콘트랙트를 통해 소유권 이전이 가능한 토큰 형태의 자산과 상품, 이용자가 스마트 콘트랙트와 상호 작용하는 플랫폼 또는 애플리케이션의 세 가지 핵심 요소로 구성된다(Schär, 2021).

디파이 이용자가 요청한 금융 활동을 분산 원장 네트워크가 처리하는 과정은 특정 중개자가 개입하거나 통제할 수 없다. 투자와 수익 배분 등에 필요한 자산의 소유권 이전 절차를 조건부 거래 프로그램 형태로 구현한 스마트 콘트랙트를 네트워크의 모든 노드가 자동으로 실행하기 때문이다. 사전에 정의된 절차에 따라 자동적으로 거래가 확정될 뿐만 아니라 누구든 거래 조건과 실행 과정을 검증할 수 있는 투명성이 확보된다(Gudgeon et al., 2020).

스마트 콘트랙트로 소유권 이전을 처리할 수 있는 자산과 상품은 원칙적으로 네트워크에 종속된다. 특정 분산 원장에서 작동하는 스마트 콘트랙트는 동일한 네트워크에서 발행된 토큰의 거래만을 처리할 수 있다. 예를 들어 이더리움 네트워크에서 작동하는 스마트 콘트랙트는 비트코인이나 솔라나 네트워크에서 발행된 토큰의 소유권 이전을 직접 처리할 수 없다. 브릿지(bridge) 기능을 제공하는 플랫폼이 개발되어 자산과 상품의 크로스체인(cross-chain) 이전을 지원해서 이런 한계를 보완한다.

전문 개발자들이 다양한 금융 상품과 서비스를 스마트 콘트랙트 형태로 구현해서 플랫폼에 등록하고 이를 활용할 응용 프로그램을 제공한다. 따라서 투자자는 깊은 기술적 지식이 없어도 전통 금융 기관을 이용하듯 손쉽게 디파이 응용 프로그램을 이용할 수 있다(Harvey et al., 2021).

디파이 생태계의 투자자들은 대부분 스테이블코인이 실질적으로 법정 화폐와 동일한 성격의 자산이라고 생각한다. 스테이블코인은 이러한 인식을 바탕으로 전통 금융 시스템과 디파이 생태계를 연결하는 화폐의 기능을 수행한다. 암호 화폐나 가상 자산에 직접 투자할 수 있는 경우에도 스테이블코인을 이용하면 변동성 노출, 잦은 환전, 복잡한 회계 처리 등의 번거로움을 크게 줄일 수 있기 때문이다.

디파이 생태계에서 스테이블코인의 역할

디파이는 다양한 투자 기회를 제공한다. 대출과 차입은 물론, 이자 농사(yield farming), 파생 금융 상품 투자, 포트폴리오 관리처럼 전문 지식과 복잡한 절차가 필요한 금융 서비스도 스마트 콘트랙트로 구현할 수 있다. 디파이 생태계에서 실질적인 결제 통화의 역할을 하는 것은 대부분 달러 스테이블코인이다. 2025년 국제 결제 은행(Bank for International Settlements, BIS) 조사에 따르면 글로벌 시장 스테이블코인 시가 총액의 약 99%가 달러 스테이블코인이다. 유로 스테이블코인은 물론 기타 통화나 자산에 연동된 스테이블코인의 비중은 미미하다(Aldasoro et al., 2025).

달러 스테이블코인도 발행사의 신용도와 준비 자산 관리 방식 등에 따라 시장 가격과 변동성에 차이가 있다. 동일한 발행사의 달러 스테이블코인도 분산 원장 네트워크별로 독립된 생태계에서 거래되므로 발행 플랫폼에 따라 시장 가격이 달라질 수 있다. 똑같이 1달러를 목표 가치로 설정한 스테이블코인의 시세가 이처럼 제각각이어서 전통 금융 시스템과 같은 화폐의 단일성이 확보되지 않는다. 많은 문헌이 이런 상태를 개별 은행이 독자적인 은행권을 발행한 자유 은행(free banking) 제도에 비유한다

(Gorton & Zhang, 2021).

비트코인(BTC)도 한때는 디파이 생태계의 공용 화폐 역할을 수행했다. 가상 자산 시장에서 비트코인의 시가총액이 차지하는 비중이 높은 것도 이유겠지만, 이보다는 초기의 암호 화폐 투자자들이 전통 금융 시스템과의 차별화를 강조하기 위해 BTC를 계산 단위로 사용했던 관행 탓이 크다. 시간이 흐르면서 디파이 생태계에 달러 기준으로 성과를 계산하는 투자자가 늘어나자 BTC보다 달러 스테이블코인을 결제 수단으로 사용하는 경향이 확산했다 (Ante, 2021).

계산 편의성만이 중요한 것은 아니다. 조건부 거래에 의존하는 디파이는 프로그래머빌리티를 확보하는 것이 매우 중요한데 비트코인을 결제 통화로 사용하면 이를 구현하는 것이 기술적으로 쉽지 않다. 물론 비트코인 네트워크가 스마트 콘트랙트를 지원할 수 없는 것은 아니다. 하지만 대부분의 디파이 개발자가 처음부터 프로그래머빌리티 구현을 목적으로 설계된 이더리움 네트워크를 선호했다. 스마트 콘트랙트는 동일한 분산 원장 네트워크에서 발행된 토큰만을 처리할 수 있기 때문에 시간이 갈수록 이더리움 네트워크에서 발행된 스테이블코인이 중요한 결제 수단으로 자리 잡았다. 이에 따라 비트코인을 이용한 자산의 스왑이나 디파이 거래도 실제 BTC 대신 이더리움 네트워크에서 발행된 WBTC를 대용물로 사용했다. 많은 투자자들이 WBTC를 화폐보다는 주요 가상 자산의 하나로 인식하게 되면서 달러 스테이블코인이 자연스럽게 디파이 생태계의 공용 화폐로 자리매김했다.

주요 분산 원장 네트워크와 디파이 플랫폼이 자체 스테이블코인을 발행해서 높은 수익률의 디파이 상품에 투자하는 수단으로 제공한 것도 달러 스테이블코인의 중요성이 커진 또 다른 요인으로 작용했다. 특히 알고리드믹 스테이블코인은 준비 자산 없이도 발행이 가능해 상당한 주조 차익을 확보할 수 있다. 암호 화폐 담보 스테이블코인도 네트워크나 플랫폼의 내생 토큰을 담보로 활용하거나 투자 수익 지급 수단으로 사용하면 큰 자본 부담 없이 빠르게 이용자 기반을 확대할 수 있다(Li & Mayer, 2021).

이러한 흐름 속에서 달러 스테이블코인 발행이 디파이 플랫폼과 이를 지원하는 네트워크의 성장 전략으로 자리잡았다. 2020년에는 디파이와 스테이블코인의 시장 규모가 동반해서 급성장하는 현상도 나타났다. 디파이 서머(DeFi Summer)로 불린 이 현상의 핵심 동력이 스테이블코인을 이용한 대출과 차입을 포함한 복합적 투자 전략이었다. 그중 고위험 대출의 성격을 가진 일부 상품은 매우 높은 수익률을 제시했지만 그 이면에 높은 레버리지와 변동성 노출로 인해 큰 위험을 내재하고 있었다.

테라-루나 사태 이후 디파이 서머가 종료되고 급속한 시장의 냉각기가 도래했다. 이후 디파이 생태계에 스테이블코인의 리스크에 대한 인식이 확산했지만 여전히 달러 스테이블코인을 이용자 확대의 수단으로 이용하는 네트워크들을 쉽게 찾아볼 수 있다. 예를 들어 낮은 수수료를 강점으로 내세운 분산 원장 네트워크인 트론(Tron)이 USDT(TRC-20)를 발행해 디파이 플랫폼에서 높은 예치 이자를 제공하는 방식으로 생태계 확장을 시도하고 있다. 2025년 2분기 기준 다른 네트워크의 USDT 예치 이자율은 대부분 3~4% 수준에 머물렀지만 트론 네트워크의 대표 디파이 플랫폼인 저스트렌드(JustLend)는 5~6% 수준의 높은 이자를 지급했다.

도전 과제 및 향후 전망

디파이 생태계의 공용 화폐라는 위상이 확고해지면서 달러 스테이블코인이 개별 플랫폼의 거버넌스 구조뿐만 아니라 생태계 전반의 위험 관리에도 영향을 미치고 있다. USDC나 다이처럼 시장 점유율이 높은 달러 스테이블코인을 담보로 한 투자 상품의 수요가 확대되면서 이들이 개별 디파이 플랫폼의 유동성을 좌우하는 핵심 자산이 되었기 때문이다. 단순한 거래 편의성을 넘어 이들 달러 스테이블코인의 안정성과 유통량이 디파이 플랫폼의 의사 결정 구조와 운영 전략에 깊숙이 연결되는 현상이 디파이 생태계 전반의 구조적 특성으로 자리 잡았다(Werner et al., 2021).

이에 따라 스테이블코인의 가격 안정성과 발행 구조의 중요성을 더 이상 발행사와 투자자만의 문제로 볼 수 없게 되었다. 특정 스테이블코인에 대한 의존도가 높아질수록 그 안정성 문제가 개별 플랫폼을 넘어 디파이 생태계 전체의 거버넌스 리스크로 확산될 가능성이 높아지기 때문이다. 특히 알고리드믹 스테이블코인의 경우 이런 현상이 심각한 문제로 발전할 수 있다. 이미 테라-루나 사태에서 보았듯이 이러한 자산을 기반으로 성장한 디파이 플랫폼과 이를 지원하는 분산 원장 네트워크의 존속 가능성 자체가 위협받을 수 있다.

달러 스테이블코인의 과도한 시장 점유율도 잠재적으로 심각한 문제가 될 수 있다. 현재 대부분의 글로벌 투자자들이 달러를 기준으로 수익률, 담보 비율, 청산 조건 등을 평가한다. 이는 미국의 통화 정책과 규제 변화에 대한 디파이 생태계 전체의 민감도를 높이는 결과를 낳았다.

디파이 플랫폼들의 거버넌스가 달러의 안정성에 의존하는 구조로 고착화되어 달러 스테이블코인의 발행 및 관리 체계가 디파이 생태계 전체의 안정성을 좌우하는 시스템 리스크가 부상하고 있다. 발행사 규제나 시장 충격과 같은 외부 요인이 달러 스테이블코인의 안정성을 변화시켜 곧바로 개별 플랫폼의 운영과 의사 결정에 영향을 미치면서 네트워크 전반으로 빠르게 전이되는 경로가 형성되기 때문이다. 특히 미국의 통화 정책 등 거시 정책 변화가 직접 디파이 생태계에 커다란 파급 효과를 가져올 수 있다는 우려도 커지고 있다(Reifschneider et al., 2021).

디파이가 성숙하고 위험 관리와 거버넌스 체계를 보완해 나가면 금융 생태계 전체를 탈중앙화 방법론 중심으로 재편하는 미래도 현실화할 수 있다. 스테이블코인은 지속적 혁신을 통해 디파이 생태계의 상호 작용 방식을 근본적으로 바꾸면서 성장을 견인하고 있다. 은행 창구나 대면 심사 없이 인터넷과 지갑만으로 전 세계 어디서나 대출이 가능한 다이의 마이크로 대출 사례처럼 디파이가 금융 포용성과 혁신 및 안전성을 재정의하고 있다.

참고문헌

Aldasoro, I., Aquilina, M., Lewrick, U., & Lim, S. H.(2025.7.11).

Stablecoin growth–policy challenges and approaches. BIS Bulletin, No. 108. Basel: Bank for International Settlements. https://www.bis.org/publ/bisbull108.pdf

Ante, L.(2021). The decentralized finance(DeFi) revolution: The digital transformation of financial institutions. *Foresight and STI Governance, 15*(4), pp.51–60.

Gorton, G. B. & Zhang, J. Y.(2021). Taming wildcat stablecoins. Brookings Papers on Economic Activity, Fall 2021. *University of Chicago Law Review.* https://lawreview.uchicago.edu/sites/default/files/2023-04/03_Zhang%20%26%20Gorton_ART_Final.pdf

Gudgeon, L., Perez, D., Harz, D., Livshits, B., & Gervais, A.(2020). The decentralized financial crisis: Attacking DeFi. In *Proceedings of the 3rd crypto valley conference on Blockchain technology*(CVCBT 2020). arXiv:2002.08099. https://doi.org/10.48550/arXiv.2002.08099

Harvey, C. R., Ramachandran, A., & Santoro, J.(2021). DeFi and the future of finance. Hoboken, NJ: Wiley. https://compoundmaven.com/wp-content/uploads/2022/08/DeFi-And-The-Future-Of-Finance-Duke-University-August-2021.pdf(강의 배포본, Duke University)

Li, Y. & Mayer S.(2021). Money creation in decentralized finance: A dynamic model of stablecoin and crypto shadow Banking. Working Paper. https://www.econstor.eu/bitstream/10419/245441/1/cesifo1_wp9260.pdf

Reifschneider, D., Cohen, J., & Rosenbaum, E.(2021). Global stablecoins and the digital dollar: The implications of dollar dominance in a digital currency world. *Georgetown Law*

Technology Review, 5(2), pp.224-250.

Schär, F.(2021). Decentralized finance: On blockchain-and smart contract-based financial markets. *Federal Reserve Bank of St. Louis Review, 103*(2), pp.153-174. https://www.stlouisfed.org/publications/review/2021/02/05/decentralized-finance-on-blockchain-and-smart-contract-based-financial-markets

Werner, S. M., Perez, D., Gudgeon, L., Harz, D., & Gervais A.(2021). SoK: Decentralized finance(DeFi). arXiv:2101.08778. https://arxiv.org/abs/2101.08778

08

금융 기관 및 기업의 시각

스테이블코인의 도입은 단순히 금융 기관과 기업이 새로운 기술을 수용한다는 차원을 넘어 전략의 핵심으로 자리 잡아 가고 있다. 명확한 목적을 가지고 스테이블코인을 전통 금융과 디지털 자산 생태계를 연결하는 매개체로 활용하려는 금융 기관과 기업의 사례가 점차 확대되고 있다.

금융 기관 및 기업의 도입 이유

스테이블코인은 기술적 효율성과 글로벌 금융 환경 변화에 대응하기 위한 전략적 수단으로 부상했다. 전통 금융 기관과 기업 모두가 규제를 준수하면서도 디지털 경제에서 경쟁력을 확보할 수 있는 도구로 인식하기 시작했다. 전략적, 기술적 및 시장 환경적 요인이 맞물리며 금융 기관과 기업이 다음과 같은 이유로 스테이블코인 도입에 적극 나서고 있다.

첫째, 대규모 및 국경 간 거래에 관련된 결제 및 송금 효율성 향상이다. 많은 사람들이 해외 송금은 물론 유학이나 해외 직구 비용 지불 등 실생활의 다양한 영역에서 스테이블코인을 빠르고 저렴한 결제 수단으로 이용하고 있다. 소비자 편의성 증대는 금융 기관과 기업의 미래 전략 설계에 중요한 요소로 고려된다. 금융 기관은 특히 신속한 송금 처리와 대규모 거래의 결제 리스크 경감에 주목하며, 기업은 국경 간 결제의 복잡한 절차와 지연에 따른 불편을 해소하는 수단으로 스테이블코인을 활용하는 데 관심을 보인다. 글로벌 금융 시장에서는 이미 이더리움 등 주요 분산 원장 네트워크를 기반으로 발행된 달러 스테이블코인을 달러화의 대용물로 간주하는 기업이 크게 증가하고 있다.

둘째, 디지털 자산 시장의 확산에 따른 편승 효과(bandwagon effect)다. 과거에는 암호 화폐에 대한 부정적 인식 때문에 전통 금융 기관이 분산 원장 기술의 수용에 소극적이었다. 간혹 기술에 관심을 보인 금융 기관도 스테이블코인에는 상대적으로 무관심했다. 제이피모건(JP Morgan)처럼 독자적으로 분산 원장 네트워크를 구축해서 스테이블코인을 발행하는 등 적극적으로 이용 방안을 모색한 사례는 극히 드물었다(J.P.Morgan, 2024). 하지만 디지털 자산 시장이 급성장하면서 많은 금융 기관이 기술적 진부화의 위기의식을 갖게 되자 적극적인 수용 방안을 모색하기 시작했다. 특히 디지털 자산 생태계와 전통 금융을 연결하는 스테이블코인에 이들의 관심이 집중되었다.

셋째, 규제 환경의 정비다. 유럽 연합의 디지털 자산 규제안인 MiCA 통과 등 주요국의 스테이블코인 관련 입법이 진행되면서 금융 기관과 기업이 보다 안정적으로 사업에 진출할 수 있는 기반이 마련됐다. 과거 전자 화폐 발행에 주력하던 핀테크 기업들이 법적 불확실성이 줄어들자 스테이블코인 사업에 적극적으로 뛰어들었다. 보수적인 전통 금융 기관들도 예금 기반 결제 시스템의 미래가 불투명해지자 생존 전략 차원에서 본격적으로 관심을 기울일 수밖에 없게 되었다.

넷째, 글로벌 결제 시장에서 자국 통화 사용 범위를 넓히고 디지털 화폐 경쟁에서 주도권을 확보하려는 목적에서 자국 통화를 준거 자산으로 하는 스테이블코인 발행에 관심을 보이는 국가가 늘고 있다. 특히 비기축 통화국은 달러 스테이블코인의 확산이 자국 통화의 수요를 감소시키고 금융 시스템의 달러 의존도를 심화할 가능성을 우려한다. 통화 주권과 자본 유출 통제에 대한 달러 스테이블코인의 위협을 견제하는 방안으로 자국 통화 스테이블코인을 공식 도입하는 전략을 검토하는 국가가 늘고 있다. 일부 경제학자는 이런 전략이 자국 통화의 국제화를 촉진하는 데 도움이 된다고 주장한다(European Parliament, 2025).

주요 사례

스테이블코인의 도입은 단순히 금융 기관과 기업이 새로운 기술을 수용한다는 차원을 넘어 전략의 핵심으로 자리잡아 가고 있다. 결제 혁신이나 디지털 금융 하부 구조 구축, 그리고 자금 운용의 효율성 제고와 같은 명확한 목적을 가지고 스테이블코인을 전통 금융과 디지털 자산 생태계를 연결하는 매개체로서 활용하려는 금융 기관과 기업의 사례가 점차 확산되고 있다.

대표적 사례로 투자은행 제이피모건은 2019년부터 JPM 코인이라는 달러 스테이블코인을 이용해서 기업 고객의 대규모 거래를 결제하는 시스템을 개발하고 테스트해 왔다. 제이피모건의 그룹 트레저리가 관리하는 자금을 준비 자산으로 발행되는 JPM 코인은 독자 개발의 프라이빗 분산 원장인 코럼(Quorum)을 기반으로 한 토큰이다. JPM 코인을 이용하면 다수 국가에 산재한 그룹의 영업장에서 발생하는 고객 기업들의 대규모 환매 조건부 채권(RP) 거래 등을 기존의 국제 결제 시스템인 SWIFT를 거치지 않고 실시간으로 처리해서 결제 리스크를 제거할 수 있다. 제이피모건은 최근 이를 확장해서 디지털 자산 거래, RWA 토큰 발행, DvP 방식의 결제 등을 포함한 포괄적 용도의 디지털 자산 플랫폼을 JPMD(JPMorgan Dollar)라는 상표명으로 출범했다.

일찍부터 글로벌 결제 네트워크를 운영해온 페이팔(PayPal)도 2023년 달러 스테이블코인인 PYUSD를 출시해서 디지털 결제 시장에 본격 진입했다. PYUSD는 ERC-20 토큰 형태로 발행되어 페이팔 네트워크 내부의 결제 및 송금과 디파이 생태계 내부의 암호 자산 거래 등에 사용된다. 이는 기업 고객이 아닌 글로벌 소비자 기반을 대상으로 대기업이 직접 스테이블코인을 도입한 대표적 사례로 평가된다. 페이팔은 프로젝트의 성공 가능성을 높이기 위해 스테이블코인 사업 경험이 풍부한 팍소스와 협력해 발행 안정성을 확보했다(PayPal, 2023).

신용카드 중심의 글로벌 결제 네트워크를 운영하는 비자(Visa)는 달러 스테이블코인인 USDC를 자사의 결제 시스템에 통합하는 테스트를 진행했다. 초기에는 파일럿 형태로 일부 고객사와의 결제를 처리하면서 국경 간 결제의 효율성 제고 가능성을 우선적으로 검토했다. 이후 제한적 범위의 실전 배치로 테스트를 확장해서 2025년 상반기 현재 USDC로 누적 2억 달러 이상을 정산하는 성과를 거두었다(Visa, 2025). 비자의 시도는 아직 제한된 형태로 운영되고 있지만 스테이블코인이 글로벌 결제 하부 구조의 핵심 도구로 자리 잡을 가능성을 입증하고 있다.

이미 스테이블코인을 발행했거나 디지털 자산 거래 플랫폼을 운영하고 있는 기업들도 전통 금융과 디지털 자산 생태계를 연결하는 다양한 방법론을 활발히 테스트하고 있다. 서클(Circle)은 USDC를 단순한 결제 수단을 넘어 API 기반 금융 플랫폼으로 확장하려고 노력한다. 기업 고객이 실시간 자금 송금은 물론 예치 및 이자 수익 확보 등의 서비스를 이용할 수 있게 만들어 디지털 금융 환경의 핵심 하부 구조 운영 기업의 지위를 굳건히 하려는 것이다(Circle, 2024).

영국의 디지털 자산 거래소인 아착스(Archax)는 기관 투자자를 대상으로 스테이블코인 예치 서비스를 제공한다. 기업 고객에게 자신이 보유한 스테이블코인을 단순한 결제 수단을 넘어 자산 운용 수단으로 활용할 수 있는 기회를 제공하는 것이 주된 목적이다. 고객이 스테이블코인을 예치하면 아착스가 이를 단기 국채 및 단기 자금 시장 펀드(MMF)에 투자하고, 벌어들인 수익을 배분하는 모델이다(Archax, 2025). 안정성과 법적 보호를 동시에 제공하는 중앙화 거래소를 통해 유휴 자금의 효율적 운용과 새로운 수익 창출 기회를 확보한다는 점에서 전통 금융 기관과 기업이 모두 큰 관심을 보이고 있다.

도전 과제 및 향후 전망

전통 금융 기관과 기업이 스테이블코인을 본격적으로 도입하고 수용하기에는 아직도 제도적, 기술적, 조직적 측면에서 수많은 도전 과제가 남아 있다. 이러한 과제들을 해결해 나가는 방식에 따라 향후 디지털 금융 생태계의 발전 방향이 달라질 수 있다(Financial Stability Board, 2020).

기존의 제도권 금융과 정합성을 확보하는 것이 무엇보다도 중요한 과제다. 현재 대다수 국가에서 제도화의 가장 큰 걸림돌은 관련 법률 자체가 불분명하다는 것이다. 비은행 금융 기관이나 기업이 발행하는 전자 화폐에 대한 규제가 복수의 지급 결제 관련 법률에 분산된 경우도 많고, 스테이블코인을 예금으로 간주해서 은행 규제를 적용해야 한다는 주장이 제기되기도 한다. 이러한 불확실성은 금융 기관의 위험 관리 및 내부 통제 체제에 큰 부담을 주며, 재무제표 반영 방식이나 세무상 과세 기준의 불명확성이 실무적 혼란을 초래할 수도 있다. 법적 지위와 회계 처리 기준이 명확하지 않으면 엄격한 규제 환경 속에서 운영되는 금융 기관이 스테이블코인을 적극적으로 도입하기 어렵다(Financial Action Task Force, 2021).

기술과 조직에 관련된 문제도 만만치 않다. 전통 기술에 기반을 둔 관리 시스템을 이용하는 금융 기관이나 기업이 스테이블코인을 도입하려면 대부분의 프로세스를 분산 원장 기술 기반으로 재설계해야 한다. 이는 단순한 기술의 문제뿐만 아니라 조직 전체의 운영과 의사 결정 방식의 문제와도 연결된다. ERP 시스템, 회계 모듈, 고객 결제 인터페이스 등을 스테이블코인과 호환성을 확보할 수 있게 조정하는 것만으로도 기술적으로 매우 복잡한 작업이다. 여기에 내부 승인 절차와 조직 문화 등을 변화시키는 문제까지 더해지면 상당한 시간과 자원의 소요가 불가피하다(Bank of England, 2021).

금융 기관이나 기업의 스테이블코인 도입이 고객들에게 혼란이나 불신을 초래해서 브랜드 이미지에 부정적 영향을 주는 것도 매우 중요한 문제다. 비교적 안전한 달러 스테이블코인도 준비 자산의 안정성과 소비자 보호에 대한 고객 신뢰를 확보하는 것이 쉽지 않다. 암호 화폐 담보나 알고리드믹 스테이블코인은 고객의 불안감을 해소할 수 없다면 도입 자체가 불가능하다.

분산 원장 기술에 대한 일반 대중의 이해도가 향상되고 주요국이 규제 프레임워크를 구체화해 가면서 스테이블코인을 안정적으로 수용할 수 있는 기반이 점차 확산되고 있다. 시간이 갈수록 은행이 직접 혹은 발행 기관과 협력하는 스테이블코인 관련 비즈니스 모델이 확대되고 기업도 이를 적극적으로 활용하게 될 것이다. 스테이블코인은 API 기반 금융 플랫폼이나 자산 운용 서비스 등과 통합된 디지털 금융 생태계를 구성하는 핵심 동력으로 작용해서 미래의 금융 하부 구조를 지지하는 중심축으로 자리 잡아 갈 것이다.

참고문헌

Archax(2025). Stablecoin service | Archax businesses & Professionals. London: Archax Ltd. https://archax.com/businesses/stablecoin-service

Bank of England(2021.6.7). New forms of digital money: Opportunities and risks. Discussion Paper. London. Bank of England. https://www.bankofengland.co.uk/paper/2021/new-forms-of-digital-money

Circle(2024). Circle APIs and services overview. Circle Developer Documentation. https://developers.circle.com/api-reference

European Parliament(2025). Cryptomercantilism vs. monetary sovereignty: Dealing with the challenge of US stablecoins for the EU. Study requested by the Committee on Economic and Monetary Affairs(ECON). Brussels: European Union. https://www.europarl.europa.eu/RegData/etudes/STUD/2025/760274/ECTI_STU%282025%29760274_EN.pdf

Financial Action Task Force(FATF)(2021). Updated guidance for a risk-based approach to virtual assets and virtual asset service providers. Paris: Financial Action Task Force. https://www.fatf-gafi.org/en/publications/Fatfrecommendations/Guidance-rba-virtual-assets-2021.html

Financial Stability Board(2020). Regulation, supervision and oversight of 'global stablecoin' arrangements. Final Report and High-Level Recommendations. Basel: Financial Stability Board. https://www.fsb.org/2020/10/regulation-supervision-and

-oversight-of-global-stablecoin-arrangements/
J.P.Morgan(2024.11.6). Introducing Kinexys by J.P. Morgan. https://www.jpmorgan.com/insights/payments/payment-trends/introducing-kinexys
PayPal(2023). PayPal USD(PYUSD) Whitepaper. PayPal Developer Center. https://developer.paypal.com/dev-center/pyusd/
Visa(2025.7.31). Visa expands stablecoin settlement support. Press Release. San Francisco: Visa Inc. https://investor.visa.com/news/news-details/2025/Visa-Expands-Stablecoin-Settlement-Support/default.aspx

09

스테이블코인의 주요 리스크

비교적 단기간에 페그를 회복해서 완전한 페그의 붕괴까지 가지 않는 경우에도 개인 투자자는 물론 전문성으로 무장한 금융 기관과 기업도 상당한 손실을 볼 수 있다. 스테이블코인 이용자는 안정화 메커니즘의 작동 구조와 발행사의 위기 대응 능력 등을 면밀히 분석해서 디페깅에 대비한 자체적인 위험 관리 체계를 마련할 필요가 있다.

시장 변동성과 디페깅 리스크

스테이블코인의 시장 가격이 목표 가치보다 현저하게 낮아지는 현상은 생각보다 빈번히 발생한다. 비교적 단기간에 페그를 회복해서 완전한 페그의 붕괴까지 가지 않는 경우에도 개인 투자자는 물론 전문성으로 무장한 금융 기관 및 기업도 상당한 손실을 볼 수 있다. 스테이블코인의 가장 근본적인 리스크 중 하나인 디페깅은 다양한 원인에 의해 발생할 수 있다.

첫째, 시장의 수요와 공급의 불균형이다. 스테이블코인의 시장 가격을 결정하는 것은 안정화 메커니즘이 아니라 토큰에 대한 시장의 수요와 공급이다. 일시적인 수급 불균형도 충분히 시장 가격을 교란시키는 요인이 될 수 있다. 일시적인 대규모 매도세가 유입되어 특정 거래소에서 토큰의 시장 가격이 급락한 경우 재정 거래를 위한 매수세가 개입해서 단기간에 페그를 회복하는 경우가 많다. 그러나 수급 불균형이 지속되거나 시장 전체로 확산하면 디페깅이 심화될 수 있다.

둘째, 투기적 거래와 시장 심리 악화의 상승 작용이다. 이 경우 안정화 메커니즘이 적시에 대응하기 어려울 정도의 빠른 속도로 토큰에 대한 수요와 공급의 균형점이 이동할 수 있다. 발행사에 대한 규제 강화나 대규모 디파이 플랫폼의 실패와 같은 외부 충격이 발생하면 법정 화폐 담보 스테이블코인의 준비 자산 수탁 기관에 대한 신뢰가 흔들리면서 일시적인 가격 불안정이 발생할 수 있다. 디페깅의 초기 단계에서 단기간에 투기적 매도 주문이 급증하면서 가격 변동성이 확대될 수도 있다. 이에 따라 시장 심리가 급속히 악화되면서 다시 매도세가 더욱 강화되는 악순환이 발생하면 걷잡을 수 없는 속도로 상황이 악화될 수 있다(Bank for International Settlements, 2025).

셋째, 알고리드믹 스테이블코인의 안정화 메커니즘 자체가 외부 충격에 취약한 경우가 많다. 극단적인 시장 상황에서 안정화 메커니즘이 제대로 작동하지 않거나 오히려 디페깅을 가속화하는 역효과를 초래할 수도 있다. 암호 자산 담보 스테이블코인도 준비 자산의 급격한 시장 가치 하락으로 이와 유사한 현상이 발생할 개연성을 배제하기 어렵다.

따라서 스테이블코인 이용자는 안정화 메커니즘의 작동 구조와 발행사의 위기 대응 능력 등을 면밀히 분석해서 디페깅에 대비한 자체적인 위험 관리 체계를 마련할 필요가 있다. 디페깅이 발생했을 때 개인 투자자는 보유 토큰의 가치 하락에 따른 직접 손실뿐만 아니라 디파이에 담보로 예치한 토큰의 강제 청산에 따른 2차적 손실까지 입을 수 있다. 강제 청산이 환매 지연 및 거래 중단으로 인한 유동성 부족과 결합되면 더욱 심각한 위기 상황에 처할 수도 있다. 금융 기관이나 기업은 보다 다양한 유형의 재무적 손실 가능성에 대비해야 한다. 예를 들어 대규모 거래의 실시간 결제가 진행되는 과정에서 급속한 디페깅이 발생하면 결제 실패로 인해 거래 자체가 무산될 수 있다. 대고객 결제 수단으로 스테이블코인을 사용하는 기업의 경우 디페깅이 환불이나 정산 등에 관련된 회계 처리에 혼란을 초래할 수도 있다(S&P Global, 2023).

준비 자산의 투명성과 유동성 리스크

준거 자산인 법정 화폐나 실물 자산 혹은 그 대용물을 준비 자산으로 확보한 스테이블코인은 원칙적으로 페그 붕괴의 가능성이 크지 않다고 볼 수 있다. 하지만 전통 금융 시장이나 실물 자산 시장의 일시적 수급 불안정이나 유동성 부족 때문에 준비 자산을 적시에 현금화하기 어려운 상황이 발생하면 디페깅에 적절히 대응하지 못할 가능성이 있다. 준비 자산의 투명성과 유동성은 발행사의 신뢰도와 직결된다.

디페깅으로 시장 혼란이 발생했을 때 발행사가 신속하게 준비 자산을 매각해서 적시에 토큰을 상환하면 비교적 단기간에 페그를 회복할 수 있다. 하지만 시장의 유동성 부족이 지속되거나 발행사에 대한 시장의 신뢰가 흔들리면 일시에 상환 요구가 증가해서 토큰의 적시 상환이 불가능해질 수 있다. 특히 발행사가 주기적으로 준비 자산의 세부 내역을 공개하거나 외부 감사 등을 통해 자산 운용 상황을 공표하지 않은 경우 사소한 상환의 지연도 상환 불능과 동일하게 인식할 정도로 시장 심리가 급속히 악화될 수 있다. 조기에 페그를 회복하지 못하면 시간이 갈수록 디페깅이 심화될 가능성을 배제하기 어렵다(Ahmed et al., 2024).

결국 스테이블코인의 위험 수준은 발행사의 준비 자산 관리 방식에 따라 크게 달라질 수 있다. 발행사가 단순히 시장 가치를 기준으로 표면적으로 충분한 물량의 준비 자산을 확보하는 것만으로는 부족하다. 특히 신용 위험이 높은 상업 어음, 회사채, 구조화 상품 등은 유동성이 낮아 이를 포함한 준비 자산은 안정성을 확보하기 어렵다. 준비 자산 구성이 고위험 자산에 편중되면 시장 충격이 발생했을 때 이를 신속히 매각하기 어려울 가능성이 높기 때문이다. 실제로 과거 USDT의 발행사인 테더가 준비 자산에 회사채와 상업 어음 등을 대거 포함시킨 것이 투명성 논란과 유동성에 대한 우려로 이어진 경우가 있었다. 결국 시장 불안을 가라앉히기 위해 일부 국가의 규제 당국이 조사에 나섰고 이에 따라 테더가 준비 자산 구성의 투명성을 강화하고 고유동성 자산 비중을 확대하는 등의 조치를 취했다(BlockApps, 2024).

준비 자산 시장의 유동성 부족이 직접 스테이블코인의 신뢰성과 내재 가치를 심각하게 훼손해서 디페깅을 유발할 가능성도 배제할 수 없다. 법정 화폐 담보 스테이블코인은 이런 가능성을 줄이기 위해 현금 및 예금 이외에는 단기 국채와 같이 유동성이 아주 높은 안전 자산, 즉 현금 등가물을 준비 자산으로 확보해야 한다. 그러나 유동성이 높은 준비 자산일수록 보유 수익률이 낮아 발행사가 충분한 이윤을 확보하기 어렵다. 그렇기 때문에 유럽 연합의 MiCA 등 각국의 규제가 발행사의 도덕적 해이를 방지하기 위해 준비 자산의 유동성 확보를 크게 강조한다(European Union, 2023).

초과 담보와 강제 청산의 원칙을 통해 시장 상황 변동에 대비하는 암호 자산 담보 스테이블코인도 준비 자산의 시장 가격이 급변하는 시기에 상환 능력을 유지하는 것이 쉽지 않다. 암호 자산을 채권 토큰으로 이용하는 이중 토큰 모형의 알고리드믹 스테이블코인도 본질적으로 이와 유사한 문제를 가지고 있다. 최근 이런 문제를 완화하기 위해 순수 암호 화폐 대신 유동성이 높은 안전 자산을 기반으로 발행된 RWA 토큰을 준비 자산에 포함시키는 사례가 늘고 있다. 다이가 준비 자산에 국채, MMF 등 전통 금융 자산 기반 RWA 토큰 비중을 확대하는 것이 대표적 사례다(Mafrur, 2025). 알고리드믹 스테이블코인도 알고리즘을 보완하기 위해 암호 자산이나 RWA 토큰을 담보로 활용하는 하이브리드 모델이 증가하고 있다.

규제 불확실성 및 거버넌스 위험

스테이블코인은 법정 화폐와 단일성이 확보되지 않는 불완전성을 갖고 있기 때문에 대다수 국가에서 규제 환경과 거버넌스 체계의 불명확성이 완벽하게 해소되기 어렵다. 이는 스테이블코인을 본격적으로 도입하려는 금융 기관과 기업에게 커다란 장애로 작용한다(G7 Working Group on Stablecoins, 2019).

대부분의 국가에서 스테이블코인의 법적 지위가 아직 명확히 규정되지 않았을 뿐만 아니라 국가별로 실제로 적용되는 규제의 내용도 상이하다. 일부 국가는 스테이블코인을 전자 화폐로 간주해서 지급 결제 관련 법률을 적용하는 반면 증권 혹은 예금으로 간주하는 국가도 적지 않다. 법적 분류의 차이는 단순한 형식의 문제가 아니다. 발행사의 인가 요건과 금융 기관의 자산 운용 방식, 기업의 회계 처리 기준, 소비자 보호 의무 등에 직접적인 영향을 미친다. 특히 금융 기관은 법적 분류와 인가 조건에 따라 스테이블코인 발행 또는 수용이 가능해지거나 제한될 수 있다. 기업도 회계 기준이나 세무 처리 방식이 명확하게 정비되지 않으면 실무적 혼란을 겪게 된다(Binance Research, 2024).

스테이블코인은 지급 결제 이외에 투자 및 자산 운용 대상으로도 사용되기 때문에 중앙은행과 금융 감독 및 증권 당국 등 여러 기관이 관할권을 주장할 수 있다. 규제 기관 간 관점의 차이로 인한 감독의 중복이나 공백은 중요한 위험 요인으로 작용할 수 있다. 특히 감독 기준의 중복 및 상충이 스테이블코인의 가장 큰 장점인 결제의 효율성을 손상시킬 수도 있다. 국경 간 거래가 빈번한 금융 기관 및 글로벌 기업의 스테이블코인 활용 범위나 효율성이 상충되는 각국의 규제 체계로 인해 제한될 수도 있다. BIS와 같은 국제기구들이 적극적으로 나서서 글로벌 규제 기준을 확립하기 위해 노력하고 있지만 실질적인 합의에 도달하기에는 상당한 시일이 소요될 수밖에 없다(PWG et al., 2021).

거버넌스 구조도 중요한 문제다. 자산 담보 스테이블코

인은 투명성과 책임성에 대한 발행사의 입장에 따라 거버넌스 구조에 근본적 차이가 있다. 특히 준비 자산 관리와 안정화 메커니즘 운영 등을 발행사가 전담하는 경우 외부 감사 및 공시를 통해 거버넌스의 취약성을 보완해야 한다. 암호 화폐 담보 및 알고리드믹 스테이블코인의 경우 실질적인 운영 주체나 법률적 책임 소재가 불분명한 경우가 많다. 거버넌스 구조가 스마트 콘트랙트 코드에 내재된 탈중앙화를 강조하면서도 실제 운영 과정의 의사 결정을 소수 개발자 및 투자자가 독점하는 프로젝트가 많이 존재한다. 거버넌스의 형식과 실질의 괴리가 상존하는 경우 시장의 신뢰를 확보하기 어렵다(U.S. Congress, 2025).

개인 투자자는 발행사의 법적 책임이나 감독 기관이 명확하지 않은 경우 디페깅이나 상환 지연 등으로 인한 손실을 보호받기 어렵다는 점을 항상 유념해야 한다. 그렇기 때문에 스테이블코인 발행사의 거버넌스 체계가 규제 기관의 감독을 받는지, 외부 감사가 이루어지는지, 위기 대응 프로토콜이 제대로 마련되어 있는지 등을 면밀히 검토해야 한다. 금융 기관과 기업의 입장도 크게 다르지 않다. 스테이블코인의 규제 환경이 빠르게 변화하고 있는 만큼 각국의 입법 동향과 국제적 기준 마련 움직임을 지속적으로 모니터링하고 리스크 관리 방법론을 유연하게 조정해야 한다.

참고문헌

Ahmed, R., Aldasoro, I., & Duley, C.(2024). Public information and stablecoin runs. BIS Working Paper, No. 1164. Basel: Bank for International Settlements. https://www.bis.org/publ/work1164.htm

Bank for International Settlements(2025). BIS Annual Economic Report 2025, Chapter III. The next-generation monetary and financial system. https://www.bis.org/publ/arpdf/ar2025e3.pdf

Binance Research(2024.10.15). Overview of stablecoin regulation. https://www.binance.com/research/projects/overview-of-global-stablecoin-regulation

BlockApps(2024.12.26). Understanding USDT backing reserves: Insights into tether's stability and transparency. https://blockapps.net/blog/understanding-usdt-backing-reserves-insights-into-tethers-stability-and-transparency/

European Union(2023.6.9). Regulation (EU) 2023/1114 of the European parliament and of the council of 31 May 2023 on markets in crypto-assets(MiCA). *Official Journal of the European Union*, L 150/40. https://eur-lex.europa.eu/eli/reg/2023/1114/oj/eng

G7 Working Group on Stablecoins(2019). Investigating the impact of global stablecoins. Bank for International Settlements. https://www.bis.org/cpmi/publ/d187.pdf

Mafrur, R.(2025). Tokenize everything, but can You sell it? RWA liquidity challenges and the road ahead.

https://doi.org/10.48550/arXiv.2508.11651

President's Working Group on Financial Markets, Federal Deposit Insurance Corporation, & Office of the Comptroller of the Currency(2021.11). Report on stablecoins. U.S. Department of the Treasury. https://home.treasury.gov/system/files/136/StableCoinReport_Nov1_508.pdf

S&P Global(2023.9). Stablecoins: A deep dive into valuation and depegging. New York: S&P Global. https://www.spglobal.com/content/dam/spglobal/corporate/en/images/general/special-editorial/stablecoinsadeepdiveintovaluationanddepegging.pdf

U.S. Congress(2025). The sablecoin transparency and accountability for a better ledger economy(STABLE) act of 2025: An overview. CRS Insight IN12525. Washington, DC: Congressional Research Service. https://www.congress.gov/crs-product/IN12525

10

스테이블코인의 제도화

스테이블코인은 복합적 성격으로 인해 증권, 상품, 통화의 경계를 명확히 분류하기 어렵다. 각국은 경제 구조와 위험 감내 수준, 핀테크와 기술 혁신에 대한 정책 방향 등에 따라 서로 다른 방식으로 제도화를 시도하고 있다.

유럽 연합의 「암호자산시장법」

유럽 연합은 암호 자산에 대한 통일된 규제 환경 구축을 위해 「암호자산시장법(Markets in Crypto-Assets Regulation, MiCA)」을 제정했다(European Union, 2023). 이 법은 2023년 6월 29일 발효되었고, 2024년 6월 30일부터 EMT와 ART 관련 규정이, 2024년 12월 30일부터는 CASP 라이선스 등 나머지 규정이 적용되었다. 이어 2025년 6월 30일에는 세부 기술 기준을 담은 위임 법규(Delegated Acts)가 발효되었다. 기존 가상 자산 사업자(VASP)는 회원국이 정하는 바에 따라 최대 18개월의 전환 기간을 부여받을 수 있으며, 이에 따라 2026년 7월 1일까지 기존 국가 라이선스로 영업이 가능하다.

MiCA는 법적 명확성과 소비자 보호를 강화하기 위해 포괄적이고 조화로운 감독 체계를 제시한 암호 자산 규제의 선도적 모델로 꼽힌다. 이 법은 스테이블코인을 단일 법정 화폐에 연동된 전자 화폐 토큰(E-money Token, EMT)과 복수 법정 화폐 및 자산 바스켓, 혹은 암호 화폐 등에 연동된 자산 준거 토큰(Asset-referenced Token, ART)의 두 가지로 구분한다. 금융 안정성과 소비자 보호를 동시에 달성하기 위해 법적 정의의 명확화를 통해 유형별 특성과 시스템 리스크에 따라 준비 자산 관리에 대한 엄격한 기준 확립과 소비자 보호 메커니즘의 강화 등에 차등적 규제를 적용한다.

EMT의 발행사에는 자본금 요건, 유동성 관리, 담보화 기준 등의 규제를 기존 전자 화폐 발행사와 유사한 수준으로 적용한다. ART는 가치 평가와 준비 자산 관리의 투명한 관리가 쉽지 않은 복잡성이 내재하고 있어 EMT보다 잠재적인 위험이 더 크기 때문에 투명성 확보와 지배 구조 등에 더 엄격한 규제를 적용한다. 알고리드믹 스테이블코인은 준비 자산이 없어 MiCA의 정의상 ART나 EMT로 분류되지 않기 때문에 지급 수단(payment instrument)으로 인정되지 않는다(Martínez Nadal, 2025).

MiCA는 디지털 자산 거래 생태계 전반의 안정성과 투명성을 확보한다는 시각에서 스테이블코인의 발행 구조뿐만 아니라 유통 및 사용 방식도 규제한다. 스테이블코인이 실질적 결제 하부 구조로 기능할 가능성에 대비해 발행사뿐만 아니라 유통 플랫폼과 사용자 행태까지 감독하는 포괄적 접근법이다. 광범위한 결제 수단으로 사용되는 대규모 스테이블코인을 중요 스테이블코인(Significant Token)으로 분류해 유럽중앙은행(ECB)과의 협의, 거래량 및 사용자 수에 대한 정기 보고, 시스템적 리스크 평가 등의 추가적 감독 요건을 부과한다(European Securities and Markets Authority, 2024).

유럽 연합은 최우선적으로 모든 회원국에 걸쳐 규제의 조화(regulatory harmonization)를 추구한다. 이를 반영해서 MiCA도 디지털 자산에 관한 유럽 연합 공통의 단일 규제 체계를 구축한다. 스테이블코인 이외의 암호 자산 서비스 제공자(Crypto Asset Service Provider, CASP)에 대해 최저 자본금 요건, 건전한 지배 구조, 거래 기록의 보존, 고객 자산과 회사 자금의 분리 보관 등 강력한 규제 요건을 부과하며, 주요 주주 및 경영진의 위법 행위 경력에 관한 요건도 적용한다.

MiCA의 포괄적 접근법은 모두에게 예측 가능한 규제 환경을 제공해서 디지털 자산 시장의 제도화를 위한 중요한 전환점을 마련한 것으로 기대된다. 그러나 복잡한 컴플라이언스 요구 사항과 27개 회원국의 해석 차이로 인해 실제 시행 과정에서 예상보다 높은 진입 장벽으로 작용할 수 있다는 우려도 존재한다.

미국의 「지니어스법」

미국에서는 2025년 5월 「지니어스(GENIUS)법(Guiding and Establishing National Innovation for U.S. Stablecoins Act)」, 「클래리티법안(Digital Asset Market

Clarity Act of 2025)」, 「중앙은행디지털화폐금지법안(Anti-CBDC Surveillance State Act)」 등이 하원을 통과했다. 소위 크립토 3법이라 불리는 이들 법안 중 달러 스테이블코인에 대한 명확한 규제 프레임워크를 제공하는 「지니어스법」은 7월 상원에서도 승인되었다. 시행령 등 최종 법제화 절차가 완료되면 EU와 같이 포괄적인 스테이블코인 규제 체계를 갖추게 된다(U.S. Congress, 2025).

「지니어스법」은 기축 통화인 미국 달러의 글로벌 지위를 강화하려는 강력한 전략적 의지를 반영하고 있다. 달러 스테이블코인을 국내 금융 시스템에 통합할 수 있도록 명확한 규제 체계를 확립하기 위한 기반을 구축하는 것을 주 내용으로 한다.

이 법은 모든 스테이블코인 발행사에게 준비 자산의 100% 보유, 외부 감사 의무, 발행사 등록제 등 핵심적인 안정성 확보 장치를 요구한다. 발행사의 유형과 발행 잔액 규모에 따라 감독 기관을 달리하는 접근 방식을 채택해서 모든 발행사가 연방 또는 주 규제 기관의 사전 인가를 받아야 하지만 통합 발행 잔액이 100억 달러를 초과하면 의무적으로 연방의 인가를 취득해야 한다. 대형 발행사에게는 높은 진입 장벽을 쌓아 부적격자의 시장 진입을 억제하는 대신 세계 최대 규모의 금융 시장에 접근할 수 있는 강력한 인센티브를 제공하는 것이다(Federal Reserve Board, 2024).

스테이블코인은 복합적 성격으로 인해 증권, 상품, 통화의 경계를 명확히 분류하기 어렵다. 「지니어스법」은 결제형 스테이블코인에 대한 명확한 정의와 규제 요건을 제시해서 증권 거래 위원회(SEC), 상품 선물 거래 위원회(CFTC), 연방 준비 제도(Fed) 등 감독 기관 간의 관할권 충돌을 완화한다. 이는 규제의 구조적 충돌을 해소하기 위한 첫걸음일 뿐 스테이블코인 규제의 전면적 통합을 위한 추가 입법과 기관 간 조율이 불가피하다는 평가도 있다(World Economic Forum, 2025).

「지니어스법」과 MiCA는 모두 스테이블코인의 법적 정의를 명확히 하고 발행사의 자본 요건과 유동성 관리 기준을 설정해서 소비자 보호와 금융 안정성을 확립하는 데 초점을 맞추고 있다. 단순한 디지털 자산을 넘어 실질적인 결제 수단으로 기능할 수 있는 스테이블코인에 대해 발행 규모 및 시장 영향력에 따라 차등적인 감독을 적용하는 점도 유사하다.

그러나 「지니어스법」은 결제 목적의 달러 스테이블코인에 초점을 맞춘 반면 MiCA는 보다 다양한 유형의 스테이블코인을 포괄적으로 규율한다. 또한 「지니어스법」이 스테이블코인 발행사 중심의 규제 설계에 초점을 맞춘 반면 MiCA는 CASP까지 포함하는 포괄적 규제 프레임워크를 제시한다. 감독 체계도 「지니어스법」이 연방 정부와 주 정부로 인가 체계를 이원화한 반면 MiCA는 유럽 연합 전체에 단일한 규제 환경을 구축하는 것을 목표로 한다.

스테이블코인 규제의 글로벌 관점

스테이블코인에 대한 글로벌 규제 환경은 매우 복잡하다. 각국은 경제 구조와 위험 감내 수준, 핀테크와 기술 혁신에 대한 정책 방향 등에 따라 서로 다른 방식으로 제도화를 시도하고 있다. 중국은 본토에서 스테이블코인을 금지하고 중앙은행 디지털 화폐(CBDC)인 디지털 위안화를 중심으로 디지털 결제 시스템을 운영하지만 2025년 8월 홍콩에서 스테이블코인 조례(Stablecoins Ordinance)를 시행했다. 일본은 2023년 자금 결제법 개정을 통해 은행, 신탁 회사, 자금 이체 업자가 발행하는 스테이블코인을 공식 전자 결제 수단으로 인정했다. 싱가포르도 2024년부터 라이선스 취득, 준비 자산 100% 보유, 상환 보장 등 발행사 의무를 명확히 하는 규제를 도입했다. 라틴아메리카, 중동, 아프리카 등지의 국가들도 금융 포용성과 송금 효율성 개선을 목표로 한 실험적 규제 모델을 적극적으로 검토하고 있으며, 규제가 미비한 상태에서도 일반 대중이 스테이블코인 활용에 적극적이다. 우리나라는 이재명 정부 출범 이후 디지털 자산 법제 정비에 속도를 내고 있다. 특히 원화 스테이블코인에 대해 준비 자산 요건, 발행사 등록제, 소비자 보호 조항 등을 중심으로 한 입법이 추진 중이다(금융위원회, 2024).

스테이블코인의 경우 특히 동일한 자산 및 서비스에 대한 일관된 기준이나 접근이 부재한 상태인 규제의 파편화(regulatory fragmentation) 문제가 심각하다. 각국의 상이한 규제에 따른 비용과 복잡성의 증가는 혁신의 확산에 큰 장애가 된다. 하지만 구체적 접근법의 차이에도 불구하고 각국 규제 당국이 추구하는 공통 목표는 비교적 분명하다. 특히 스테이블코인이 체계적으로 중요한 수준에 이르면 디지털 자산 시장을 넘어 전통 금융 시스템에도 예상치 못한 충격을 줄 수 있다는 우려가 크다. 글로벌 차원에서 나타나는 규제의 특징은 크게 세 가지로 요약할 수 있다.

첫째, 투명성과 준비 자산 관리의 중요성을 강조한다. 페그 붕괴를 방지하기 위해 준비 자산 구성의 공개, 상환 보장, 정기 감사 등 발행사의 의무를 강화하고 있다. 둘째, 기술 변화 속도를 감안해 세부적 기술보다 금융 안정성, 소비자 보호, 시장 건전성 등에 초점을 맞춘 원칙 기반 규제 프레임워크로의 전환이 확산되고 있다. 셋째, 스테이블코인 규제가 미래의 금융 하부 구조 구축 과정이라는 시각에서 국제 협력과 데이터 공유의 필요성을 강조한다. 금융 안정 위원회(FSB)와 G20 등 국제기구가 규제 차익 거래를 방지하고 위기 시 신속한 정보 공유와 공동 대응을 위한 가이드라인 마련에 적극 관여하고 있다(Financial Stability Board, 2023).

구체적인 접근 방식에는 지역별로 뚜렷한 차이가 있다. 아시아에서는 일본이 국내의 디지털 자산 생태계 및 결제 시스템의 효율성에 초점을 맞추는 반면 홍콩과 싱가포르는 기술 친화적인 점진적 도입과 핀테크 허브로서의 경쟁력 강화를 추구한다. 그 밖의 지역, 특히 경제 발전이 늦거나 결제 시스템의 효율성이 낮은 국가는 금융 포용성 확대와 송금 효율성 개선 및 통화 가치의 불안정성을 보완하는 데 큰 관심을 보인다(Bank for International Settlements, 2025).

참고문헌

금융위원회(2024). "디지털자산 기본 규율 백서". 금융위원회.

Bank for International Settlements(2025.7.11). Stablecoin growth-policy challenges and approaches. BIS Bulletin, No. 108. Basel: BIS. https://www.bis.org/publ/bisbull108.htm

European Securities and Markets Authority(2024). Final Report: Guidelines specifying certain requirements of the Markets in Crypto Assets Regulation(MiCA) on investor protection–third package. ESMA35–1872330276–1936. https://www.esma.europa.eu/sites/default/files/2024-12/ESMA35-1872330276-1936_MiCA_Final_Report_to_CP3_-_investor_protection_mandates.pdf

European Union(2023.6.9). Regulation (EU) 2023/1114 of the European parliament and of the council of 31 May 2023 on markets in crypto-assets(MiCA). *Official Journal of the European Union*, L 150/40. https://eur-lex.europa.eu/eli/reg/2023/1114/oj/eng

Federal Reserve Board(2024). Money and payments: The U.S. dollar in the age of digital transformation. Washington, DC: Board of Governors of the Federal Reserve System. https://www.federalreserve.gov/publications/money-and-payments-discussion-paper.htm

Financial Stability Board(2023). High–level Recommendations for the regulation, supervision and oversight of global stablecoin arrangements: Final report. Basel: FSB. https://www.fsb.org/2023/07/high-level-recommendations-for-the-regulation-supervision-and-oversight-of-global-stablecoin-arrangements-final-report/

Martínez Nadal, A.(2025). Stablecoins in the MiCA Regulation. In C. Pastor(Ed.), *Governance and control of data and digital economy in the European single market*(pp.177–198). Law, Governance and Technology Series, Vol. 71. Cham: Springer. https://link.springer.com/chapter/10.1007/978-3-031-74

889-9_8
U.S. Congress(2025). Stablecoin legislation: An overview of S. 1582, GENIUS Act of 2025. CRS Insight IN12553. Washington, DC: Congressional Research Service. https://www.congress.gov/crs-product/IN12553
World Economic Forum(2025.7.29). The GENIUS Act is designed to regulate stablecoins in the US, but how will it work?. https://www.weforum.org/stories/2025/07/stablecoin-regulation-genius-act

이건호

국민은행장을 역임했다. 현재 KDI국제정책대학원 초빙교수이며, 예금보험공사 사외이사로 활동 중이다. 서울대학교 경영대학과 동 대학원 경영학과를 졸업하고 미국 미네소타대학교에서 금융 전공으로 경영학 박사학위를 받았다. 한국금융연구원 은행팀장, 연구위원장 등을 역임하면서 다수의 은행 컨설팅과 정부 금융 정책 자문에 참여했다. IMF 외환 위기 시에는 금융감독위원회 구조개혁기획단 어드바이저로 활동했다. 조흥은행 및 국민은행의 리스크관리 부행장과 토스뱅크 사외이사를 역임했다. KDI국제정책대학원 MBA 및 자산관리 석사과정 주임교수를 역임하면서 재정경제부, 금융위원회, 금융감독원의 금융규제・감독개선 TF, 금융발전심의회, 상호저축은행 경영평가위원회에 참여했고 우체국금융, 자산관리공사, 저축은행중앙회, 행정공제회, 고용보험기금, 새마을금고연합회의 리스크관리위원으로도 활동했다. 학술 논문과 연구 보고서를 다수 발표했고, 저서로 『중앙은행 디지털 화폐』(2025), 『인공지능과 블록체인』(2024), 『블록체인과 국가』(2023), 『토큰증권』(2023), 『탈중앙화와 크립토 시스템』(2022), 『코인의 과거, 현재, 미래』(2022), 『비트코인의 방법』(2021), 『이건호의 뱅크엑스』(2017), 『위험 관리론』(1999), 『ALM I』(공저, 1997), 『ALM II』(공저, 1997)가 있다.